ENERGY FOCUS 天势世纪丛书

Duty, Honor, Company

最好的执行在西点

中国企业如何跟西点军校学顶级执行力

[美] 吉尔·多兰德（Gil Dorland）
约翰·多兰德（John Dorland） 著
刘善红 路大虎 李聪鹏 范笑峥 译

中国青年出版社

目 录

赢在简单

从我们迈进西点军校大门成为西点学员的那一刻起，生命中的所有浪漫幻想便不复存在了。一位学长迎接我们，他高声命令我们以十人一排列队。“记住，”他吼道，“今后你们做任何动作都要先出左脚！明白吗？”

对于能够解答复杂微积分问题的我们，这样的基本**指令似乎太过简单**，我们大多没有考虑过命令背后的含义。但很快我们就发现，“**做任何动作都先出左脚**”**并不像想象中那么简单**。

两人或多人在行进中保持动作一致的唯一方法，就是每个人都以同一只脚开始。这个规则再简单不过了。**军队中的很多纪律，乍看起来都很简单，却是经过精心研究和设计的**。只有后来我们离开军校，成了“局外人”时，重新审视这些规则和纪律，才真正理解了它们背后的深义。现在回想起来才发现，“左脚原则”早已植根于我们心里，慢慢地变成了一种习惯。

十年军营生涯后，我们脱下迷彩服，换上西装。但很快就发现，在商界没有像“左脚原则”那样的简单、基本

“做任何动作都先出左脚”并不像想象中那么简单。

军队中的很多纪律，乍看起来都很简单，却是经过精心研究和设计的。

的原则。多年以后，当我们在电视上看到“沙漠风暴行动”中，士兵们依然执行着我们当年在西点学到的那些基本原则时，始终找不出一个像“左脚原则”那样意义重大的商业原则。

我们相信标准化的基本指导方针可以防止企业过分偏离关键轨道。

正是这种基础商业概念的缺失，促使我们重拾军校手册，将军营原则运用于商业。我们并不认为军营的方法和规程完全适用于商业，但是**我们相信标准化的基本指导方针可以防止企业过分偏离关键轨道。**

我们希望这本书能够使人们重新认识到一些基本概念的重要性，因为它们是商业成功的关键。

这本书中提到的很多理念，乍看起来似乎只是普通常识，这是因为军事基础概念就应逻辑清晰、语言简洁，即使新入伍的士兵也能够理解。这些基础概念有时看起来过于浅显，但企业往往会忽视这些简单概念中隐含的大智慧。**我们希望这本书能够使人们重新认识到一些基本概念的重要性，因为它们是商业成功的关键。**

肯尼迪总统要政府向西点学什么

1991年初秋，我们有幸见到了切斯特·泰迪·克里夫顿少将，那是在他去世之前的几个月。他曾是肯尼迪总统的军事助理，也是一个颇受尊敬的企业家。我们主要讨论了西点的军事理念，并考虑是否能够将它们运用于商业经营。作为西点的杰出毕业生，少将认为这个想法很有价值。他还给我们讲了他和肯尼迪总统的一段逸事。他说，总统有一次问他：“**为什么每次我交代给你的事情，或是让你交代国防部的事情，总是能很快完成。即使无法完成，你也会告诉我原因或是提供解决方案。而当我命令我的内阁做事时，要么我的命令得不到重视，要么就是再也听不到下文了？**”

“为什么每次我交代给你的事情，或是让你交代国防部的事情，总是能很快完成。即使无法完成，你也会告诉我原因或是提供解决方案。而当我命令我的内阁做事时，要么我的命令得不到重视，要么就是再也听不到下文了？”

进入西点的那一刻起，**服从命令的信条就深深扎根在我们的大脑中**。学长每次吼出一个命令，都会发出一个类似打嗝的声音“IRP”①，就像最初无法理解“左脚原则”一样，我们后来才知道他说的是——请立即执行！**军校要**

① 原文：Immediate Response，Please！的缩写形式，文中说“类似打嗝的声音”指该缩写的读音。

求学员们立即执行命令，但并不是要学员们盲从。毫无疑问，无论在军营，还是在商界，很多时候都需要我们更加耐心谨慎地行事。西点教导我们要在命令发出后做出迅速回应。“迅速回应”有时意味着回想命令，有时意味着等到时机成熟才可行动。

多年来，我们的客户们提供了管理策略和经营方案，从大型企业到新兴公司。回顾世界上发生的巨大变化，我们注意到军营也发生了翻天覆地的改变。海湾战争爆发前的将近20年中，因为越南战争的丑闻，军营声誉尽毁，军队和将领在人们心中的形象恶化。然而，当将军们的身影出现在家家户户的电视屏幕上时，一切都改变了。他们用军事术语向人们徐徐揭示“沙漠风暴”战略。如果脱下迷彩服换上笔挺的西装，他们的风度和气魄俨然一个大企业高管的架势。

科威特战场上采取的战略和后勤理念正是后来不断被运用到商业经营中的理念。

当战争突然停止，外交官们开始搁置争议的政治进程时，我们意识到**科威特战场上采取的战略和后勤理念正是后来不断被运用到商业经营中的理念。**在市场和财经领域中，军事术语更是广为流传。

在反复思考军营和企业相似之处的过程中，这本书渐渐成型了。我们注意到在军校学到的“7P”① 原则不仅适用于军营，也适用于商界。越战的残酷结局就是华盛顿及其官僚们缺乏周密计划造成的。

---

① 原文为“proper prior planning prevents piss poor performance”，意思为：“正确提前的计划，可以阻止错误糟糕的表现。”

军事对商业的影响并不是新鲜的议题。今天的很多大型综合企业的经营模式都借鉴了一战和二战时期美军的作战模式，只是进行了改进和发展。军事模式在很多方面都为商业实践打下了基础。然而有些人认为，如今军事模式已失去了商业借鉴价值。因为企业以盈利为动机，始终要求削减不必要的支出；而军营恰恰相反，它以使命为主导，必须在财政年内将军事拨款用光，否则拨款就会被收回，并且下一财政年的拨款预算会相应减少。仅这一个事实就体现出军营和企业在实现目标上存在不同的模式和方法。

还有人认为，尽管商业借用了很多军事用语，但是商业用语和军事用语之间还是存在差异的。当退役军人试图从商时，这种差异就表现得尤为显著。事实上，这是一种文化差异，文化差异进而导致了价值观、目的和思想意识的分歧。这个问题我们在第一章会讨论到。这些差异是固有的、内在的，它们既不能否定也不能影响西点理念对于商界的适用性。

巴顿将军在1994年3月6日写给其第三军团下属的信中，提到了他认为应该如何指挥自己的军队。这封信的内容清晰地告诉我们，管理军队的理念完全可以应用到商业管理中。西点军校前历史学教授罗杰·奈伊上校曾在西点内部通信中提到过巴顿将军的这封信。他说巴顿生动形象地阐述了以下内容：“**亲自指挥，走访前线；观察但不要过多干涉；表扬比指责更有意义；自我反省；用百分之十的精力下命令，百分之九十的努力执行命令；计划好再行动；**

“亲自指挥，走访前线；观察但不要过多干涉；表扬比指责更有意义；自我反省；用百分之十的精力下命令，百分之九十的努力执行命令；计划好再行动；告诉你的士兵你们做了什么，即将面临着什么；亲自慰问伤员；今天你不加强军纪，明天你的兵可能会送命；不要过多谈论你的恐惧。”

告诉你的士兵你们做了什么，即将面临着什么；亲自慰问伤员；今天你不加强军纪，明天你的兵可能会送命；不要过多谈论你的恐惧。”我们还可以加一条：“切勿好高骛远。”

克里夫顿少将还曾提到过肯尼迪总统的另一个烦恼：总统总是因为下属提交的报告格式杂乱无章而头疼不已。他想起慰问海军时曾看到过整齐的军令格式，便马上要求少将将那种格式分发给自己的参谋做参考。

克里夫顿少将发现肯尼迪总统提到的问题正是利文沃斯堡军队指挥和参谋学院开设的“参谋研究”这门课要讲授的。参谋研究和五段式的军令式一直以来都是军队各级颁发命令时遵循的格式。这种格式的内容包括对战场内外各种因素的详细分析，对这些因素风险性的判断，以及可预见突发事件的备用方案。

我们将这种格式进行了改进，不仅成功地运用到我们自己的企业中，而且运用到国内外客户企业的商业策划中。我们将军事用语翻译成商业用语，设计成一种通用模板。企业在这个模板的指导下，可以对市场、财经和产品信息进行广泛地分析。将这些信息进行处理加工，就可以在此基础上开发出更多的模板，用于财政预测、解决问题以及决策程序。

我们的指导原则通常都会考虑“人”的因素，不过这是永远无法预测的变量。从军营以往的经验来看，**不同的训练、纪律和领导方式可能会导致士兵们截然不同的表现。**

同理，企业也应该引以为鉴。很多外国企业重视“基层”管理，他们的员工更愿意努力工作，企业也更易于生产出优质产品。

西点军校以一种全方位沉浸式体验的方式培养领导力。这种培养方式体现出领导力特质的核心概念，也适用于企业管理。“领导”和“管理”之争是永恒的话题。**如果以西点军校信奉的领导原则为标准的话，很多将自己视为“领导”的企业管理者们完全不够资格**，他们所做的不过是在实践管理技巧而已。“领导”和“管理”之间虽然界限模糊，但是正如光辉国际集团管理招聘专员莱斯特·科恩所说：“**管理者，负责保证大家步伐一致；而领导者决定前进方向和行进速度**。”有些企业管理者从不关心员工，对此还满不在乎，因而流失了很多的优秀员工。所以，我们用一整章的篇幅讨论领导力的问题。不仅如此，**领导力和道德问题也会不断被涉及，贯穿全书。因为这两个问题是当前企业普遍需要重视的问题**。

如果以西点军校信奉的领导原则为标准的话，很多将自己视为“领导”的企业管理者们完全不够资格。

领导力和道德问题也会不断被涉及，贯穿全书。因为这两个问题是当前企业普遍需要重视的问题。

西点一方面鼓励学员们以竞争的方式促进个人成就，一方面大力倡导团队合作。**“合作才能毕业”是大多数西点学员四年的座右铭**。团队精神也被视为一条成功的商业法则。这种精神在日本公司中体现得最为显著，他们非常重视各部门间的持续合作。因为只有合作才能获得利益，只有合作才能实现品质设计和高效生产。

虽然军队不断调整步伐以便紧跟科技潮流，并且根据组织需要日益强调权力下放，但是很多基本的军事战术策略（如包围策略、突围策略）始终没有改变。同理，大型企业也可以有选择地将权力分散到各级。这样可以使企业更具灵活性，及时应对市场变化。

我们并不想过多地批评商业运作模式，或是将西点理念强加于商业运作。和很多官僚机构一样，西点也有很多需要完善的地方；西点中也存在不愿接受新理念的“保守派”。但是我们认为，它的很多理念和方法论对于企业具有普遍的指导意义。

在构思全书结构时，我们不打算长篇累牍地讲述企业如何运用军事理念夺取市场占有率的商战故事（例如可乐业和汽车业的竞争）；也不想用冗长的案例对每个观点详加叙述。我们只是希望将这本书写成一本灵活实用的**指导手册**，供企业管理者们参考。书中有些颇具争议的讨论只针对大型企业，大多数基本理念对于各种企业都适用，无论企业的规模大小，结构复杂与否。

身为“西点人”，我们一向言简意赅。

本书涉及的范围非常广泛，详谈的话，每一章都可以扩展为一本书。但是，**身为“西点人”，我们一向言简意赅**。所以书中的每一章都是三至五页的小短文，讲述我们作为军校学员时学到的军事理念以及它们与企业经营的关系。

由于每章涵盖的内容不同，且涉及的内容相当广泛，所以我们将全书分为五个部分。第一部分讨论一些基本概念，例如与军队息息相关的领导力问题。第二部分主要讲标准化的军事流程和模式，这是很多企业经营上的软肋。

我们会将这些流程简单而到位地转化为实用的商业模式。第三部分介绍一些军事策略和信条是如何运用到商业中的。第四部分为读者提供了从军事手册中提炼出的一些军事流程和规则。**这可能是第一本包含军事操作流程的商业书籍**。

这可能是第一本包含军事操作流程的商业书籍。

我们在撰写全书的过程中，参考了很多西点理念和军事手册；引用了相关文章、表格和清单，将它们用简单的文字表达出来。我们用朴实无华的语言替代军事用语，是为了更加清晰地阐释它们与商业的相关性。

在内容上，我们还没有做到兼容并包。我们的一些观点可能初看起来显得专横，甚至会使持有不同意见的读者难以接受，但我们只是想表达自己的观点而已。我们的观点并不代表西点军校或任何企业的军事领袖或高管，我们希望通过提出这些有争议的问题激发读者们更深远的思考。

有些人批评西点军校提倡**一致性和服从的体制**可能会扼杀创造力和冒险精神。他们认为这些限制会束缚企业发展，因为远见和创新对于商业的成功至关重要。

对于上述观点我们持保留态度。西点军校严格要求、纪律严明的氛围，使得学员们必须遵守特定的规章制度、标准的操作程序和严格的要求。这种要求的持续一致性和绝对纪律的做法，在某种程度上确实会遏制创造力。但是，我们绝不可以否定这种要求的内在价值，因为它是学员们成功完成各种使命，在战场上取得胜利的基础。相反，战场失利引发的危险，不断迫使军队完善其系统和规程，做到内容和形式上的“防弹”。

我们认为现代企业存在着一些根深蒂固的结构问题，使得企业领导力日渐衰弱，员工道德水准不断下滑。要使美国生产力在快速改变的世界新格局中具有竞争力，企业必须重拾那些曾引领美国成为全球经济大国的基本理念。《最好的执行在西点》一书讲述了久经考验的**西点方法论和标准**是如何有效地运用于企业管理的。我们刻意避免使用啰唆的语言，为了突显本书内容的简练，犹如干脆利落的军礼一般。

第一篇

赢在概念和理念

第一章
世界顶级执行力来自心理和生理上的双重改变

当我们告别军营，初涉真实的商界时，忽然有种语言不通的感觉，就像不懂英语的外来移民初登埃利斯岛时的情形一样。很快我们就发现，在军营中学到的重压下带领士兵冲锋陷阵的本领在商界完全派不上用场，直到我们逐渐学会用商业思维思考，用商业语言交流。

海湾战争爆发前的几十年中，人们用“严苛”“顺从”和“愚钝”这样的负面词语评价军队，军人由此演变出的无能形象也绝非商业人士心中的楷模。然而1991年海湾战争初期，美国军人展现出的**精准和协作、空中部队有力的物流、地面部队的强大支持，都证明了无论企业的经营理念多么超前，很多军队理念仍值得他们学习借鉴。**

精准和协作、空中部队有力的物流、地面部队的强大支持，都证明了无论企业的经营理念多么超前，很多军队理念仍值得他们学习借鉴。

西点军校毕业生们代表的军队理念体现为一个以“**集体大于个人”为基本前提的系统，没有人是不可替代的。**军队是一个集体、一个大家庭。为了保证军队中所有士兵的整齐划一，这个系统必须要有严格的纪律。这些纪律简单明了，即使军衔最低的士兵也能理解。

军人和商人的大脑并没有生理差异，但他们的思维方式截然不同。这是由于他们在各自行事方式、语言和存在理由上有差异。

西点军校的最终目标即军队领袖的传统源泉，是培养能够带领国家在战争中取得胜利的毕业生。在达到标准之前，士兵们要以个人和集体的形式接受彻底的训练。即使是从来不守规矩的人，也变成了纪律严明的军人。

为了改造士兵们的理念，西点军校首先让士兵们**摒弃个人主义，忘记自己的背景**。**这种理念的改造是针对心理和身体的高强度训练**，旨在淘汰那些无法胜任未来艰巨使命的人。很多士兵都很感激他们在新兵训练营（其中以海军新兵训练营最为著名）中受的折磨。他们之所以感激这种痛苦的经历，是因为他们同时也经历了相似的**思想质变**。**这种心理和生理上的双重改变便产生了集体意识**。**当士兵们的思想被选择性地净化后，就可以开始进行理念重置了**。

思想质变，这种心理和生理上的双重改变便产生了集体意识。当士兵们的思想被选择性地净化后，就可以开始进行理念重置了。

从“左脚原则”开始，潜移默化的理念重置就开始了。**士兵头脑中要塑造一种理性思维，奉行一个逻辑，就是即使处在战争压力下也要沉稳行事**。为了成功地应对无时无刻不在变化的机动战场，军校会教授士兵们一些基本战争理念，锻炼他们的本能反应。这是一种不经大脑的反射行为，因为在紧急情况下根本没有时间去细致衡量和分析。理念重置时，至关重要的一点是要**始终重申绝对的忠诚和道德**。这些理念是西点学员们入校第一天起就被反复灌输的。

这些基本理念也是西点军校说服年轻男女们为了取得一枚勋章、一条绶带和它们所代表的崇高理想不惜付出生命代价的基础。拿破仑曾说，如果他有足够的勋章就能征服世界。这也说明了荣誉所带来的巨大动力。**赚取利益是商人的本能，力争荣誉则是军人的天性**。

赚取利益是商人的本能，力争荣誉则是军人的天性。

为了培养指挥官在战场上沉稳应对的能力，西点军校训练学员们在上战场前对每个行动进行彻底分析。标准化的清单、格式和程序造就了统一、系统的作战方法，使指挥官全神贯注于作战使命的同时，也保证了军营中的每个士兵发挥一致的力量。

有些人批评斯巴达式的简朴纪律导致了军队创造力低下。西点军校认为这一批评在某种程度上是正确的，便于1986年开始制订解决这一问题以及其他重大问题的五年计划。五年计划的最终报告题为《2002年及展望——通往新世纪的路线图》，提出了军校的目标。其中，军校制定的五大目标之一是：为国家培养拥有人文和科学知识的毕业生，了解多种问题探究方法的毕业生，具有沟通能力、创新能力、求知欲并致力于追求长足智力发展的毕业生。

美国陆军军官学校校长戴夫·帕尔默中将引申了上述目标，他指出：

> 军事领袖必须在纪律化思维和创造性思维间取得平衡。西点军校在培养既具备创新精神又敢于冒险的学员时，最大的担心就是在将来，当书

本知识和实际情况截然不同时，毫不犹豫地照本宣科反而会导致非专业行为。但这并不是说要创新就不能有纪律。很显然，盲目服从不等于纪律化思维，思维混乱也不是创新。创造力本身就是一种高度精确且纪律化的脑力劳动产物。从古至今，有创造力的指挥官都是训练有素的思想家、坚强的领袖。他们能够设想出备用行动方案，并且具有坚强的性格特点，能够大胆地将设想转化为现实。他们不仅拥有高智商，能够找到正确的道路，还具备勇气，即使处在艰难困苦的环境中也能坚持正确的道路。一句话，品格是连接纪律化思维和创造性行动的桥梁。记住：**西点军校的目标就是培养具有高品格的领袖！**

西点军校的目标就是培养具有高品格的领袖！

虽然创新对于小型企业组织的发展必不可少，但是大型官僚体制，如军营，却并不提倡创新精神。和不受欢迎的传统军队理念一样，企业理念也被人冷嘲热讽地形容为典型的“无情”“贪婪”和“狡诈”。虽然用这些词语形容大多数企业都是不准确的、牵强的，但是有不少企业也确实如此。特别是一些目光短浅的上市公司，它们为了追求短期收益而牺牲长期利益。

刚刚进入美国商界时，我们发现自己会被“新鲜血液”这样的字眼所怂恿，认为企业就需要我们这样的人，因为我们不同于刚刚从商学院招聘来的实习生。但从工作第一天起，就发现要不断满足中层管理者的要求，要认同企业形象，还要放弃个人主义，忠于企业。这时我们才明白，**其实企业并不需要“新鲜血液”**。就像初进军队时我们要接受理念重置；进入企业我们又要洗去军队理念，进行全新的企业理念重置。想想企业管理者的所作所为，我们才发现，**在取得控制权方面，企业和军队如出一辙**。

其实企业并不需要“新鲜血液”。在取得控制权方面，企业和军队如出一辙。

士兵一旦被军队录用，便拥有了一定的保障。这一点在企业中却不同，被解雇的恐惧感无时不在，直到裁员真的来临。我们意识到，恐惧固然是一大动力来源，但也是短期财务压力下引起人们鲁莽行事的原因。企业领袖们常为此大伤脑筋。很多案例证明，**坚持军队般标准化的规划和决策理念会使人们更加注意细节，从而减少突发情况**。

坚持军队般标准化的规划和决策理念会使人们更加注意细节，从而减少突发情况。

企业中存在的另一大问题是缺乏时效性：会议往往因为莫须有的原因无法在原定时间内召开并被无限期推迟；预约经常被延迟或被取消。我们的思维本该是同步的，完全能够将各种事件协调好。就像炮兵开火的瞬间，步兵就应该冲锋。行动延迟就会留给敌人时间重新部署，结果必然会灾难重重。

毫无疑问，拥有精确方法论的军队和具有创新精神的企业，其最重要的交汇点之一，就是**执行力和贯彻力**。

第二章
商战使命：给个人和团队一个存在的理由

二战时期，欧洲战场盟军最高指挥官德怀特·艾森豪威尔将军接到了一个命令："登陆欧洲大陆！和盟军一起，瞄准德国中心地带，将德军一举摧毁。"虽然只是简短的一句话，却也是世界上最艰巨、最具历史意义的使命。这个使命背后承载的希冀和重要性前所未有——整个世界的自由。

军队认为使命"包含着目的，必须明确指出将采取的行动及其理由"。**在西点乃至整个军事世界，训练、职责和生活全部围绕一个主题：完成使命。在执行使命时不能为失败找任何借口。**完成使命的重要性不亚于保卫国家。士兵们必须将全部精力集中在完成使命上，对于其附属行动绝不能浪费不必要的时间和精力。成功完成使命的关键在于分析和理解使命的能力。**只有理解了使命，才能将它们转化为确定可行的目标，制订出行动计划，最终达到预期结果。**

只有理解了使命，才能将它们转化为确定可行的目标，制订出行动计划，最终达到预期结果。

使命是一切军事命令和计划的开始，是对各种推测的界定。**进入西点军校的那一刻起，教官就教导我们，完成**

使命就是我们的存在理由。很快我们就养成了采取任何行动前先了解使命的习惯。

根据“使命链”的概念，从军营中的最低分支开始，每一级都要完成上级分配的使命。下面的例子是美国陆军步兵学校的一次位于埃及的图上战术作业。这个例子说明了一个使命被分配到各级时，如何从上至下变得越来越详细和具体。

上级军团（总部）使命

第一军团准备于D日H时从陶菲克港（坐标VU6012）出发，抵达蓝石湖（坐标VU5257），保卫苏伊士运河。准备在开罗以西执行作战使命。

下级军团（分支）使命

第101空降师于D日H时行动，掩护第一军团的南部侧翼；空中机动作战保卫地面安全；保证苏伊士运河渡口安全，进一步保卫苏伊士运河邻近地区（坐标VU5825）安全；时刻待命，准备发起面向西方的进攻行动。

军队要取得胜利必须要有明确的使命。**如果企业能够明确其使命或宗旨，也一定会大大受益**。企业宗旨的合理组成部分包括企业的价值观、核心理念和长期目标。企业宗旨要清晰地表达出企业的宏观定位和目标，为管理者指

如果企业能够明确其使命或宗旨，也一定会大大受益。

明正确的方向，以免因误入歧途而付出昂贵的代价。书面的企业宗旨不仅有益于企业的管理者和员工，还可以帮助企业的顾客以及企业所在的社区更清楚地了解到企业都做了什么？如何达到目标？对周围环境有着怎样的影响？

企业在制定宗旨时，可以借鉴一个很有用的军事技巧，利用回答问题的方法帮助企业分析各种哲学和实际问题。例如，企业可以试着回答下列问题：

1. 企业是做什么的？
2. 企业的经营领域和范围包括哪些？
3. 企业的优势和劣势分别有哪些？
4. 企业能够承受的风险级别是？
5. 企业的责任级别是？
6. 企业是如何看待顾客的？
7. 企业对于企业价值最大化和股东收益的关注度如何？
8. 企业宗旨的衡量标准是什么？

当企业回答了这些问题后，其长期目标和宗旨也就一目了然了。

一家金融服务公司制定的宗旨中，提到了他们的顾客、员工以及所在环境。内容如下：

全面迎合零售顾客的金融需求，通过健全、进取、创新的管理不断扩大企业的经营领域。不

> 断改进产品和服务，加强个性化服务，巩固企业市场地位，促进市场增长，增强财政实力，促进员工关系，促进企业所在社区的改善。

这个宗旨中也隐含着对企业股东的最低要求。就像在军队中一样，企业中的下级部门分配到的辅助性使命，反映了它们在整个企业体制中所扮演的角色。下面的例子说明了企业是如何坚持宗旨使命等级制的，以下是上述金融企业的下属小额银行业务公司制定的宗旨：

> 我们致力于追求杰出的表现和优质的服务。这个宗旨表达了每个员工在工作中应遵守的标准。
>
> 服务客户是我们最重要的工作内容。客户服务策略的基础是提供创新、高质的商业和小额金融服务。我们注重客户的个性化服务，持续关注市场需求。我们采取关系型银行服务理念，积极主动地对顾客的金融需求进行判断，选择相应的公司服务和产品来满足客户需求。我们认为，要在今天的银行业立足，一方面要盈利，一方面要形成服务文化。实际上，为客户盈利是我们能够提供的最好的服务。我们希望客户能够把银行业务交给我们全权受理，因为我们有绝对的信心，任何一个金融业务服务公司都无法和我们匹敌。

在我们多年的职业生涯中，无论是在服兵役期间，还是在商界打拼期间，我们都发现使命宗旨和它的一个组成部分——目标之间存在着持续矛盾。使命宗旨总是要向一些中短期目标妥协，尽管这些目标局限性大，只能达到短期收益。对于这一点，我们的经验是：打赢一场战役不代表打赢整个战争。如果艾森豪威尔将军在诺曼底成功登陆后就减弱盟军的作战强度，那么摧毁德国战争机器的使命就绝不可能完成。同样，当企业为了完成短期财政目标而削减研发基金、停用重要装置、减少市场预算时，其实已经失去了市场优势。

使命是对目标的宏观描述，而目标通常包含一个具体行动。

为了避免对使命和目标的混淆，军队做出了区分：**使命是对目标的宏观描述，而目标通常包含一个具体行动**。有时这个行动是为了完成使命，例如诺曼底登陆。另外，商业目标通常和财政目标有关，例如年度（季度）报表或市场份额。

虽然大家对于使命的重要性已经达成共识，但我们必须强调，过度痴迷于完成使命可能会导致视野狭窄。缺乏长远考虑，初看之下可能只是无关紧要的小问题，但是可能会阻碍我们去探索完成使命的其他可能性。

第三章
沉浸式体验

当我们进入商界时，首先让我们感到震惊的是企业和军营的组织结构竟然如此相似。我们觉得从军营到企业不过是着装改变了而已。但后来我们才吃惊地发现，一旦进入企业，就告别“当年勇”了。

可想而知，我们感到非常不适应。作为经历过越战的军人，我们曾顶着巨大压力指挥成百上千的士兵作战。往日的权力和威望一去不复返，每天的工作不过是收发文件而已。**进入了企业才发现，在商学院时学到的微观经济学、计量经济学、模式等专业术语在日常商业运行中似乎也派不上什么用场。最令我们吃惊的是，有很多企业管理者对预算、营销和生产技巧驾轻就熟，然而对于如何领导却一窍不通。**我们单纯地认为这个问题只存在于中层领导中，企业高管一定是具备领导素质的。但**我们很快就发现，缺乏领导力的问题贯穿于企业各领导层。**

进入了企业才发现，在商学院时学到的微观经济学、计量经济学、模式等专业术语在日常商业运行中似乎也派不上什么用场。最令我们吃惊的是，有很多企业管理者对预算、营销和生产技巧驾轻就熟，然而对于如何领导却一窍不通。

进入西点的第一年夏天，一年级学员必须到“野兽营”接受无休止的残酷军事操练。在一次漫长而又痛苦的训练中，我们领会到了领导艺术与管理技巧之间的差别。当时的我们并不知道这具有多么重大的意义。

> 一个高年级学员指挥我们完成一系列动作，当然都要先出左脚。我们筋疲力尽，懒散地完成指令，脑子里想着赶紧离开这个鬼地方。这种状况持续了几周后，换了另外一个学长来操练我们。我们立刻感到四肢充满了能量，我们的动作整齐划一，十人一排，立正的时候干净利落，行进的时候有如一个人。这位学长点燃了我们心中的一团火，让我们不仅感到有了自信，还感到一种要做到最好的强烈欲望。

他们的训练技巧是完全一样的，可后来的学长却能将他的渴望和热情传递给我们，变成了我们自己的渴望和热情。他将目的、要求和动机传授给我们。

我们当时还太年轻，无法理解为什么我们的表现会如此不同。**他们的训练技巧是完全一样的，可后来的学长却能将他的渴望和热情传递给我们，变成了我们自己的渴望和热情。他将目的、要求和动机传授给我们。**

自我意识、研究、练习以及更重要的体验，是学习掌握领导力的关键。

关于领导力的书籍和文章不计其数，但领导力不是单纯地从一本书或是一节课就能学来的。不管你认为领导力是一门艺术还是一种技巧，可以肯定的是：它是可以学会的。**自我意识、研究、练习以及更重要的体验，是学习掌握领导力的关键**。就像艾森豪威尔将军说的："领导力是人们通过热忱的学习和实践能够培养的品质。"在艾森豪威尔将军早年作为军校学员和教官的多年里，他研究并实践着领导力的基本原则，完成了强大的知识、经验和信心的储备，最终成为了二战时期欧洲战场的盟军最高指挥官和后来的美国总统。

西点注重用经验学习法培养领导力，完成其“为国家培养能够胜任共同防御的高品格领导”的目标。西点军校手册中写道：**“西点要求学员做的每一件事都是为了培养他的领导品质。”**学员们沉浸在一种斯巴达式的简朴环境中，参与为期四年的体验，循序渐进地培养领导品质。毕业时，学员们就可以在极具压力的战争环境下胜任领导一职。

“西点要求学员做的每一件事都是为了培养他的领导品质。”

这种沉浸式学习体现了日益增强的领导力需求，要求学员们培养人际交往的能力。学员开始只是被领导的跟随者身份；随后责任渐渐增强，可以指导和激励同级学员和学弟；四年之后最终成为拥有 4000 名学员的整个团的领导。与其他大学不同的是，在西点，所有课外活动的监督工作都由学员负责。这是为了在年轻时就培养他们承担重大责任的能力。虽然西点要求学员追求卓越表现，但是负责监督工作的学员会学到，犯错是学习过程中必不可少的一部分。学员们必须能够自行做出决定，不管这个决定正确与否。这样才能培养他们的领导技能。

在整个领导力的培养过程中，西点有一套专门的评估系统，用来评定每个学员的优势和不足。评定不仅限于上级对下级，还包括同级间的评定，在特定情况下还包括下级对上级的评定。

在领导力培养计划的初期阶段，西点会教授新生们 11

条“领导原则”，帮助他们发展自己的领导风格和技巧。这些原则详见《美军 FM 22 – 100 号令——陆军领导力》。这些原则也完全适用于企业：

领导原则

1. **认识并完善自我**。发现自己的优势和劣势。为改善每项劣势设定目标；制订计划达到目标；对进步情况进行评估。
2. **精通技术和战略**。对于本职工作要储备渊博的知识，并将这些知识传授给同行。
3. **勇于承担责任，尤其是要为自己的行为负责**。发现问题时，主动解决，不要等待其他人告诉你该怎么做，或是辩解说：“这不是我的工作。”犯错误时要勇于承认，接受批评，及时改正。
4. **做出合理、及时的决定**。对各种情况做出迅速判断，解决问题，周密计划，合理决策。犹豫不决会引起混乱；缺乏自信会导致致命的后果。
5. **以身作则**。成为榜样是领导技能最重要的一点。己所不欲，勿施于人。作为一个领导，要赢得下属的尊重，而不是强迫下属尊重。
6. **学会理解你的士兵，考虑他们的感受**。花些时间认识你的士兵，倾听他们的意见。要知道如何激励每一位士兵，每个人的动力来源可能都不同。满足他们的需求也很重要，你关心他们，他们也会关照你。

7. **不要对士兵有所隐瞒**。只下达命令还不够，要向士兵解释每个命令的基本原理。知其然并知其所以然，军队才能齐心协力，而不仅仅是完成命令。对士兵一味隐瞒是无法使他们成长和作为的。

8. **培养下属的责任感**。责任下放有利于促进下属成长。这不但体现了你对下属的信心，而且会激励他们主动承担额外责任。认可他们的成就，培养他们的主动性。

9. **确保士兵明白你部署的使命；每个使命都在你的监督之下；每个使命都能完成**。要明确下达命令和指示，并确保每个人都明白自己的职责。监管不力和监管过度间仅一线之隔。仅仅布置使命还远远不够，还要努力确保完成使命。

10. **培养士兵的团队精神**。当一个集体的所有成员都能熟练胜任各自的使命，并且尊重和信任其他成员时，就实现了团队合作。一支团队必须对完成使命拥有自己的信念和信心。凝聚力能够造就信心、鼓舞士气、激发勇气、坚定战斗的信念。

11. **根据士兵的才能分配不同使命**。你必须深刻了解士兵们的长处和缺陷。专注于主要目标，发生严重问题时要报告上级，不要降低标准或期望。

和这本书中的其他基本原则一样，上述原则以普通常识为基础，用最简单的语言表述出来。每一条都有其意义，并和另外十条互为补充。这些原则不同于格言，需要反复思考；也不能因为不便实行就轻易放弃，它们是作为一个领袖的生存法则。

“以身作则”是企业领导普遍忽视的一个特质。这个特质可以确定一个人是真正的领导者，还是仅仅是个管理者。

其中第五条原则“**以身作则**”**是企业领导普遍忽视的一个特质。这个特质可以确定一个人是真正的领导者，还是仅仅是个管理者**。在战场上，军队首领要自己挖避弹坑，士兵用餐后他们才能用餐，他们仅在迫不得已时才向士兵提出要求，四星级上将也要亲自上战场慰问士兵。长官一个简单的握手，或是一句“好样儿的”都能对士气产生神奇的积极影响。在企业中，类似的微小体贴举动也会使员工的表现大为不同。

在企业中，高层管理人员和工厂工人之间相差十万八千里。高管们因为可以享受各种特权而高高在上。虽然要求每位高管逐一了解每个员工的想法不切实际，但是管理人员可以尝试在企业中创造一种亲民的氛围。这种做法可以提升员工的士气，提高产品的质量。很多企业高管也应该不时慰问一下他们的“军队”，让“士兵们”明白自己的重要性。“走动式管理”[①] 对于鼓舞士气和提高绩效大有裨益。

① 走动式管理（management by wandering around，简称MBWA）是指高层主管利用时间经常抽空前往各个办公室走动，以获得更丰富、更直接的员工工作中的问题，并及时了解所属员工工作困境的一种策略。

根据西点军校的全方位沉浸式教育方法，我们概括出几条重点，制订出一个企业管理者领导技能培养计划。这八点内容也可以算是八个行动步骤。这个计划不仅仅是针对于培养管理部门的实习生，也适用于各种规模的企业经营者。但是这些内容最适用于那些闭关自守的管理者，他们不仅不是合格的领导，还患有“固执综合征”。

沉浸式领导力培养计划

1. 正式培养计划应由企业总裁签署认可，并有专人指导和评估。首次会议应该由总裁主持，随后还须有一系列的跟进程序，如讨论计划的进程，引进鼓励机制，以及管理部门对该计划持续有效的支持。
2. 初步的正式课堂指导应讨论基本领导原则以及这些原则在商业环境中的运用。定期开展课堂教学，使参与者不断熟悉基本技巧，并不断学习新技巧。
3. 在计划的初期阶段，如果条件允许，应让参与者走出办公室或厂房。当他们处于陌生环境时，会自发形成小组；要在一个紧张的环境下完成特定使命需要互相合作。在没有上级指示和人工支持的情况下，参与者们完全沉浸在各种活动中，需要他们自己掌握领导技能和技巧才能成功应对困难和挑战。

4. 开展在职培训。对于参与者的进步和缺点给予清晰的评估反馈；以计划开展前制定的绩效目标作为日后评估的标准。
5. 逐步提高参与者决策情形的难度，同时也要给予参与者相应的权力。不要告诉他们该如何决策；在他们做出不正确决策时也不要立即干涉；当参与者犯错时，应提供建设性的批评，而不应打击恐吓。
6. 参与者使命级别的提高应基于其领导能力和绩效表现。
7. 为管理者创造更多机会，让他们定期体验企业内不同的职位和训练。这会开阔他们的视野，加强他们对商业的宏观认识。当管理者处在新的环境中时，需要具备领导技能才能赢得陌生下属的尊敬。
8. 鼓励有能力的参与者承担更大的责任。不合格的参与者应参加额外训练，如果条件允许，可以让他们体验不要求领导力的职位。

甚至像沃顿商学院这样的商业院校都开始对他们的课程体系进行重置，将课程的重点由建立精巧抽象的模型转为培养应对现实世界全球竞争的领导技能。

沉浸式体验形式多种多样，被越来越多的企业和教育机构所接受。这些企业和机构相信今天的管理者需要掌握更好的领导技能。他们已经意识到学术和工作环境对于人们视野的限制，让人们无法在快速发展的当今世界迅速做出正确决策。**甚至像沃顿商学院这样的商业院校都开始对他们的课程体系进行重置，将课程的重点由建立精巧抽象的模型转为培养应对现实世界全球竞争的领导技能**。例如他们最先开创集中的“拓展训练”。另外一个培养领导力的方法是，要求高级管理人员创造一种鼓励创新精神的工作环境。在这样的氛围下，员工们更易于将眼光放长远，培养高瞻远瞩的能力。这也是一个经常被忽略的领导力特质。

美国通用汽车的前总裁埃斯蒂斯曾经说过一句话，很恰当地总结了我们的领导力理念。他说：“**领导力包括承认错误的勇气、欢迎改变的远见、激励他人的热情，以及当别人都朝着错误的方向顺流而行时，敢于朝着正确方向逆流前进的信心。**”

“领导力包括承认错误的勇气、欢迎改变的远见、激励他人的热情，以及当别人都朝着错误的方向顺流而行时，敢于朝着正确方向逆流前进的信心。”

第四章
荣誉感——从军魂到企业魂

当今社会，荣誉感似乎已经落伍，骑士精神这样的理想主义早已不复存在。曾几何时，口头承诺具有法律文件般的约束力；简单的握手代表着永久的约定。如果现在仍是如此，恐怕律师就要集体失业了。

显然，今天的社会环境并不理想，金钱是人们最大的动力。经历过枪林弹雨的军人，进入“向钱看齐”的商界打拼时，竟然丝毫不知该如何保护自己，这是多么的讽刺。在狡诈商人的油嘴滑舌面前，我们再次发现了自己是多么单纯。我们曾经以为，所有人的处事原则都和我们在西点学到的一致。**西点教导我们：“学员不许欺骗、作弊、偷窃，也绝不姑息他人这么做。**”原则绝对清晰：对错没有程度之分。谎言就是谎言，作弊就是作弊，偷窃就是偷窃。没有程度之分，没有例外。

西点教导我们：“学员不许欺骗、作弊、偷窃，也绝不姑息他人这么做。”

有人认为若将这个标准强加于整个社会未免太荒谬。诚实不过是一种看问题的角度罢了，你眼里的谎言在别人眼里也许就是事实。就像法律辩论赛中的正反方观点。

在这种情况下，我们很快学会了要想自我保护，首先必须考察对方是否具有共事的“资格”。一个人的办公室大小或是西装剪裁的优劣，无法透露他的真实意图。当看到备受信任的银行家、政客甚至宗教领袖——我们团体中的栋梁屡屡被揭露欺骗行为时，我们开始怀疑社会的道德水准，也亲眼见证了道德水准低下对商业行为的负面影响。同时，我们也不禁开始思考，人们曾经信奉的那些道德准则在今天的社会是否还有人认可？

在战场上，坚持诚信原则是在艰难环境中幸存的关键。当一群士兵进攻敌营时，其他士兵会自觉地掩护他们的侧翼，不需要签署合同或约定。战争激烈上演时，一个点头——一个无声的承诺，就足以让人赴汤蹈火。因为士兵们明白，如果自己不能履行这个承诺，就意味着伙伴可能会送命。在那样的情况下，根本不允许你撒谎或是犹豫。

在战场上，坚持诚信原则是在艰难环境中幸存的关键。

西点会在一年级新生刚入学时发给他们一本密实的手册——《军号笔记》。这本手册开头的献词写道：“从今天开始，你就要遵守西点军魂的神圣传统。它们是你的财产，要懂得珍视，要传承下去。”接下来是美国战争部长牛顿·贝克于1920年撰写的长达七页的前言，主要讨论了“忠诚”的话题。他总结了军队强制道德准则的原因：

> 普通人在平常事情中不诚实的行为，可能会受到同伴的轻视或是招致不利的诉讼；而一个士兵不诚实的行为可能会让同伴付出生命的代价，

诚信的品质绝不是矫揉造作，而是一种严格的纪律需要。

使国家蒙羞。所以西点无一例外地要求所有学员

诚信的品质绝不是矫揉造作，而是一种严格的纪律需要。在对所有西点学员最终的毕业审核中，品格是最重要的标准。

我们在西点学到，道德准则没有地域差异。我们时刻都约束着自己，无论是在军队还是别处。当我们还是新生时，就时刻意识到要遵守道德准则。最初我们感到诚惶诚恐，因为稍有失误就可能会被军校开除。在我们当中，很多士兵的出身并不理想，每个人都有自己的生存之道，曾经为了活下来而奋力挣扎。但进了军队，道德就是我们所有人唯一的生存之道。

西点根据“学员之歌”的歌词“选择正确的逆境，摒弃错误的坦途，求真的道路上永远都不满足”提炼出三条黄金法则。根据这三条公正的法则，任何人都可以判断他们的行为是否符合道德准则。

1. 这个行为是否试图欺骗任何人，或者会引人受骗?
2. 这个行为是否会带来我或别人在其他情况下无法享受到的特权或优待?
3. 如果别人对我实施了这个行为，我是否会愿意?

不幸的是，美军在越战中却偏离了这些准则。当时的国防部长罗伯特·麦克纳马拉的很多做法和现代大型企业

的自由企业管理政策没有区别。他支持“打卡制度”，还要求士兵们“清点敌军尸体数”。这些做法为他打开了提早晋升的道路。他强调个人成就，不惜以整个军队和所有士兵为代价。**个人成就带给人的锋芒的确会掩盖诚实和其他道德准则的重要性**。很多企业中也存在着这个问题，以致影响了整个商界。20 世纪 70 年代初期，由于纪律不严、士气低落，美军在国内外都毫无公信度可言。

个人成就带给人的锋芒的确会掩盖诚实和其他道德准则的重要性。

经过多年的自省，美国军队的领袖们终于意识到美军在基本原则上的脱轨，并决定重拾那些曾使他们成为高效作战力量的原则。军队意识到：“不道德行为通常都事出有因，迫于无奈。”军队领袖们认为：“个人利益可能是引起不道德行为最普遍的原因。”根据这些结论，他们制定出一系列行为准则，帮助指挥官们处理各种“道德窘境”。

在商界，很多人对道德和伦理都持怀疑态度。整个商界处在一种全面失信的环境中，这不仅体现在屡屡暴露在公众面前的丑闻和阴谋，还体现在唯利是图的态度上。由于缺乏道德观念，人们可能会受欲望摆布，追求个人财富和权力；也可能在企业压力的驱使下实施一些不道德的行为。我们发现，整个商界都被短期利益所驱使，为了极力讨好财经分析师和股东，甚至不惜违背道德。与此相比，更可怕的是人们对不端行为的公然漠视。这可能会形成一种企业文化，很可能在将来引发更多的不当行为。

这种“破罐破摔”的颓废态度已经影响到很多领域，抵抗力量少之又少。通常都是重大丑闻被揭露后，公众才会大肆叫嚣，要求相关人士出面处理。华尔街、信贷业、银行业、保险业、房地产业、宗教和政治诈骗的案例屡见不鲜，它们就是我们整个社会普遍缺乏道德准则的典型案例。

然而，面对堕落的道德标准，很多企业和机构却能意识到要建立自己的道德准则。这些准则也起到了公告的作用，警示员工，企业不会容忍个人行为不当，“不知者不罪”再也不能成为借口。企业根据自身需求，制定出自己的准则。这些准则为员工衡量个人行为提供了标准，并且以书面的形式公开展示。企业的道德准则至少应该包括以下几点：

企业的信誉是最宝贵的财富，体现在企业领导、管理人员以及员工的行为上。

企业的信誉是最宝贵的财富，体现在企业领导、管理人员以及员工的行为上。我们每个人都要管理好个人事宜和负责的企业事宜，避免个人利益与公司、客户和股东的职责之间产生冲突。任何人都不得利用工作之便直接或间接地获取私人利益，为家人或其他人牟取私利。

以下内容是关于个人利益冲突的评判标准：

机密信息：任何主管或员工都不得利用任何与企业事务或是企业客户事务相关的信息为自己牟利，也不得向任何外来人员透露上述信息以便其牟取私利。

个人投资——外部业务：任何主管或员工都不得参与可能会妨碍其职责、忠诚或是会引起利益冲突的公司外业务。在提交书面申请之前，不得私自应聘公司以外的职务。当企业主管或员工的家人是企业内部的重要权益人或受益者（包括供应商、购买商或是企业竞争者）时，必须坦诚交代。

收受礼物或接受款待：任何管理者或员工都不得接受顾客、供应商或任何企图从企业获得利益或生意的个人及组织的礼物或款待。

任何对违反上述原则的行为知情的管理者和员工，都应将相关事实以书面形式呈现给企业总裁。

仅仅制定道德准则还不够，要想使其起到作用，还需要企业高层管理者的彻底支持和执行。企业总裁应该起到带头作用。真正的支持不是嘴上说出来的，而是要切实体现在每天的管理决策和日常活动中。如果企业管理人员总是摆出一副“照我说的做，我才是老板”的嘴脸，员工很快就能觉察到。在这种情况下，如果管理者宣扬道德准则，员工只会觉得他们厚颜无耻又虚伪。**高层管理者必须时时以身作则，公开表示绝不容忍不道德行为的态度，并且鼓励甚至奖励有勇气指出不当行为的员工**。这些做法不仅能够培养积极高尚的工作气氛，还是非常有效的“**早期预警系统**”，可以在一些阴谋和不当行为危及公司利益前就将它们揭露。这比灾难发生后的“**损失控制**”措施更有意义。最后，企业管理层需要不时地反思企业需求以及应对外界压力的方法，确保员工不会因为实行任何不道德行为或是可疑方法而受到奖励。

高层管理者必须时时以身作则，公开表示绝不容忍不道德行为的态度，并且鼓励甚至奖励有勇气指出不当行为的员工。

我们并不想将西点的严格标准强加于持不同观点的企业。就像宗教一样，每个人的荣誉感和道德观念取决于个贪念和过度追求成功引起的道德水准低下，导致了个体间和集体间无法和谐共处。

人良知。但是我们相信，**贪念和过度追求成功引起的道德水准低下，导致了个体间和集体间无法和谐共处**。因此，我们认为应该牢记西点军校的三条黄金法则。这三条法则看似简单，可是商业经营和日常生活又何尝不是简单的事呢？

第五章
纪律是生存之道

在西点的头11个月里，我们每天必须保持严格的军姿：下巴紧贴咽部，前胸高挺，后背笔直，目光坚定，正视前方。甚至在用餐时，也要保持军姿：笔直地坐在椅子边缘；利用刀叉将食物先纵切，再横切成可以入口的小块，微微张开嘴巴，将食物送入口中；用餐的过程中保持脖子挺立，眼睛始终注视面前的餐盘。这是我们眼中的纪律。

多年以后，矫正军姿的折磨仍叫人记忆犹新。军队认为这种做法能够帮助我们“矫正不正确的身姿”，使我们时刻保持军事注意力。而实际上矫正军姿早已沦落为高年级学员戏弄低年级学员的手段。正是因为这样，人们总是将纪律等同于惩罚、约束和控制。矫正军姿无疑助长了一些学员的暴力倾向，使他们可以堂而皇之地欺压低年级的学员。

在后来的军校生涯中，我们困惑于纪律的真正意义和目的。我们狭隘地认为纪律就是惩罚，惩罚才能改正。这种思路让我们吃尽了苦头。直到我们毕业后，才真正认识到纪律能带给人积极的一面：纪律是一种能够培养某种特定的行为模式或品质的手段。后来西点终于认识到当时训练方法的落伍，并且摒弃了这种方法。不过，从那些曾以折磨我们为乐的残忍学长身上，我们也学到了一点：纪律是如何被破坏的。具有讽刺意味的是，他们的做法正是前任西点军校校长约翰·斯科菲尔德在1879年的演说中所批评的：

> 我们是个自由的国家，我们的士兵在战争中值得信赖是因为我们拥有纪律。而纪律的建立绝不能依靠残酷和暴力的手段。恰恰相反，残酷暴力的做法不仅不能建立纪律，反而会摧毁整个军队。长官下命令的语气和声音应该激励士兵强烈的服从欲望，而不是引起士兵们的怨恨和逆反。长官对待下属的方式能够反映出他们的胸怀，懂得尊重下属的长官也会得到下属的尊重，不懂得尊重下属的长官只会招致下属的怨恨。

井然有序，服从命令，自律，可靠；能够迅速、有效地完成任务；在没有任务的情况下依然训练有素。

对于个人来说，纪律意味着一种思维定式，它决定着个人能否坚持合理的提前规划，注重细节，严守时间观念。纪律可以确保个人和集体在精神紧张、身体疲惫、情况复杂时，仍然能够最大限度地发挥能力。

《美军FM 22－100号令》对“纪律严明的集体”的定义是：“**井然有序，服从命令，自律，可靠；能够迅速、有**

效地完成任务；在没有任务的情况下依然训练有素。”军队首领是建立纪律的根本力量，他负责制定和传达标准，设定底线，执行违纪处分。有些首领利用恐惧激励士兵，有些利用奖励。无论军队首领使用什么样的激励方法，他们都必须为士兵树立榜样。

军队关于制定纪律标准有八个指导原则，和之前提到的很多原则一样，这八点原则简单易懂，适用于多种情况：

- 完成所有使命。
- 士兵自信，军容整齐。
- 士兵以所在部队为荣。
- 确保武器和装备精良。
- 各级士兵都能积极履行各自职责，绝不浪费时间。
- 士兵之间互相合作，乐于助人。
- 所有训练都须经过精心计划，正确实施，并以每个士兵和整个军队的优势和劣势为标准进行评估。
- 士兵在压力环境下仍可积极奋战。

有经验的军人都知道，一个简单的军礼就能透露出一个士兵所在的部队纪律是否严明。一个干净利落的军礼不仅可以反映出士兵对自己及其部队的骄傲，还可以反映出很多正向情感，如自信、专业精神和能够胜任任何工作的乐观态度。想要知道一个军队的士气、作战准备和领导力，不用亲自到营地考察，只要从一个简单的军礼就能推测出

有经验的军人都知道，一个简单的军礼就能透露出一个士兵所在的部队纪律是否严明。

一切。

然而，企业中的纪律是否严明就没这么容易判断了。通常，如果一个企业的“掌舵人”给人的印象是高效干练，那么企业一定是运营良好的；相反，一个无纪律可言的企业给人的印象一定是杂乱无章、瑟缩不前、毫无生机，缺乏具体的方向和目的。有些外国企业，例如德国和日本的，就总是让人感觉到具有**极强的控制力**。

判断企业纪律的方法有很多，最实际的方法就是看结果。与其关注万众瞩目的企业高管，不如观察一下销售人员是否礼貌、体贴；秘书接电话时是否符合规矩。这些细微之处更容易彰显企业的行为模式。除此之外，企业是否能够及时获得情报，是否遵守操作规程，是否按时召开会议，这些都能够体现出企业的基本素质以及企业高管对于企业事务的直接参与程度。

西点军校培养学员纪律时使用的手段稍显极端。毋庸置疑，这些手段绝不适用于企业，但是**积极且有益的纪律对于个人和集体来说都是必不可少的。和许多原则一样，纪律的建立和维持也需要从上至下逐步完成**。下列从军事领导手册中提炼出的原则，能够为企业管理人员制定纪律制度提供一些帮助：

积极且有益的纪律对于个人和集体来说都是必不可少的。和许多原则一样，纪律的建立和维持也需要从上至下逐步完成。

1. 确保纪律及规范的建立和管理。
2. 为获得成功，可以制定高标准，但不能脱离实际。
3. 将纪律标准清楚地传达给下属。

4. 对于重要的纪律和标准，要确保下属明白和认可。
5. 当士兵无法达到标准时，须分析现有情况，并制订解决问题的方案。回答以下问题：

- 士兵们是否明白你的标准？
- 你是否清楚有效地传达了你的标准？
- 士兵们是否知道如何达到标准？
- 士兵们是否有能力达到标准？（时间，精力，知识，技能，权力）
- 士兵们是否故意不达到标准？（懒散，厌恶现有职务，对上级的愤怒情绪）

很多自由思想者或是特立独行的企业家反对一切形式的纪律，他们认为纪律会禁锢风格和创造力。我们承认追求个人自由的美好愿望，但是我们更认同于1949—1953年曾担任西点军校足球副教练的文斯·隆巴迪的话：“**在我认识的人里，不懂得磨砺和纪律可贵的人都没有太大出息。优秀的人通常都渴望纪律的约束。**”

在我认识的人里，不懂得磨砺和纪律可贵的人都没有太大出息。优秀的人通常都渴望纪律的约束。

第六章
组织结构重塑执行能力

上学期间，西点教授我们命令链、管理范围、统一指挥、正式和非正式通信路线等理论。等我们毕业时，每个人都分配到一个六位数的编号，同时还有我们的第一个使命。我们会被分散指派到一个巨大的军事网中，其中包括各种规模的军事组织。在军校时，我们就学到如何指挥不同规模的军事组织。和其他少尉一样，我们被分到的使命是指挥等级中最低的一级：管理拥有 40 个士兵的排。军队的编制都是固定的，美国陆军部的“组织及装备表”中有明确规定。

陆军部的编制表中明确规定了整个军事系统中各部队的人数、级别以及委任长官须掌握的指挥技能。有了这个客观的表格，部队就能够更加有效地发挥功能，而不会因某人“大权在握”就全部乱套。编制表实施后，对于“现在该谁领导”的问题变得明确。这一点在战争中至关重要，因为战争伤亡随时可能导致人员变动。这个标准的严格之处是将一般的组织形式统一化，当然一些经过授权的特殊编制除外。但是这些特殊编制也必须保证各指挥级别间明确的管理范围、上下级间和同级间顺畅的通信。

在古时候，军队中就已经出现了明确的组织结构。然而直到工业革命后，商业迅速发展，企业规模膨胀到失控时，才开始借鉴这些组织结构原则。如今，**组织结构规划已经变成企业中必不可少的一部分**。

组织结构规划已经变成企业中必不可少的一部分。

每当我们接待新客户时，都会要求看他们的组织结构图。有些小企业没有明确的组织结构，他们的管理人员还美其名曰“这样才不会抑制创造力”。但是大多数企业都能提供详细的图表。图表上布满一个一个的方框，以不同的方式排列，用直线连接起来。方框中写着职位名称、人员名字和明确的职责。就像X光片一样，这些图表可以显示出企业存在的问题和潜在的风险。例如，有些企业一个主管负责的员工人数过多，而有些企业一个员工就有好几个主管。**这些图表也能显示出企业中潜在的职能扭曲或是沟通不畅的问题。如果企业存在这些问题，员工一定会备感压力**。

这些图表也能显示出企业中潜在的职能扭曲或是沟通不畅的问题。如果企业存在这些问题，员工一定会备感压力。

我们初入商界时，发现企业的组织结构和军队的组织结构并没有很大的差别。因此，我们当机立断地认为应该快速进入我们在企业中的新角色，因为这是必要且明智的做法。但当我们渐渐熟悉了商界时，才发现事实上很多人并不希望我们表达自己的意见。组织机构中的领导成为筛选人才的掌权者，极大限制了本应该使整个企业受益的创新思想。正是这种组织机构上的缺陷，使得一些企业管理者们得以“称王称霸”。当员工越过无形的界限，侵犯了他们的“领地”时，他们便以解雇相威胁。这种专制制度堵塞了下级对上级沟通的渠道。长此以往，员工心里如五味杂陈，曾经的雄心壮志也被压力取代。

不合理的工作结构引发的压力会使整个企业丧失原有的能力，导致质和量的双重损失。

不合理的工作结构引发的压力会使整个企业丧失原有的能力，导致质和量的双重损失。长此以往，这种企业压力可能会导致企业人员行为失常，筋疲力尽，甚至最终崩溃。因领导力的缺乏、恐惧心理、不确定性以及不顾自身能力过度苛求引起的压力是很难缓解的。但是如果可以重新合理安排企业结构，这些问题就能够迎刃而解。

多年来，人们开发了各种方法应对组织结构压力，包括从集中到分散、从专制到自由的管理形式转变。有些人认为，企业应该依据员工的个人优势建立相应的组织机构；还有些人认为企业应先建立组织机构，然后根据员工能力将他们分配到不同的岗位上。事实上，每种方法都没有定论，应该具体问题具体分析。**不管用何种方法，都应该先搞清楚谁是领导，然后再去界定职责和权力分层。**

不管用何种方法，都应该先搞清楚谁是领导，然后再去界定职责和权力分层。

虽然在有些人看来，企业组织机构图有些老套，但它可以说是一本秘笈，消除人们对“谁是领导，谁是下属”的疑虑。但是，对企业组织机构的安排一定要合理。例如，如果采取矩阵组织结构，那么每个员工或资源会被分配两个或两个以上的上级，这就会不可避免地引起命令链的重叠，进而引发各种事件之间的冲突。这种矩阵组织结构经常会引起企业内部混乱和组织压力。

为了将“**一个员工多个上级**”**引发的混乱**减到最小程度，当一个员工负责某个使命超出其权限时，该员工接到的所有命令都应该由他（或她）的直接上级传达。同样，为了防止员工规避正常线路，擅自命令同级人员，应要求员工按照上级规定的通信线路行事，除非上级有明确的其他安排。此外，企业委员会也须遵守**命令链**，因为企业委员会并非企业的决策者。金字塔般层层分布的企业组织结构图上，只有最顶端的方框里的那个人才是企业真正的老大。

第七章
制服：穿在身上的履历

无论是在鸡尾酒会，还是办公室会议，人们总是不停地打探各自的事业、收入水平和社会地位。而在军队中，这些信息都体现在一个军人军服的装饰上。军服可以说是“穿在身上的履历”。在西点时我们就学到，简单地观察一个军人的军服就能发现大量具体、实用的信息，不用费一点儿口舌之力。军服上的信息包括：

- **名牌**。免去了记名字的必要（这在大型组织中是一项繁重的工作）。
- **军衔**。军衔能够立刻揭示一名军人在军队的地位和经济实力。
- **服务部门徽章**。从这个徽章可以看出军人的工作内容，也可以区分该军人隶属前方部队还是后备部队。
- **绶带**。表明军人的功勋和任期，特别是与战争相关的任期。绶带昭示着军人的英勇，置于胸前，根据不同的表彰等级由上至下依次排列。这也是“军服履历”中最宝贵的一笔。

- **肩章**。肩饰，表明军人所属部队，即所属的团或部。
- **臂章**。通常佩戴于左臂，表明军人现役的军种。
- **战斗臂章**。佩戴于右臂，表明军人在战争期间所属的部队、军种以及职责。
- **海外服役肩条**。表明军人在战争地区的服役时间。
- **资历级别章**。表明军人具有特殊资历或技能，如飞行员、伞兵、步枪射手。此外还表明资历级别。
- **檐帽或贝雷帽**。表明军人隶属的特殊部队，例如突击队员、空军，或是其他的特殊任务部队。

很少有人知道，统一的军事制服直到 17 世纪才出现。虽然我们在影视作品中看到的古代战服通常华丽精美，但实际上中世纪时，战士们制服的主要用途是防御敌人和武器的攻击。只有通往圣地的远征骑士才可以身着不同的战服，队伍中的其他人只能着便服。直到 1792 年，美国国会规定军队将领自己承担费用，统一士兵着装。制服的款式和颜色由军队将领决定。美国内战后，美军军服的标准才得以统一。19 世纪 80 年代后期开始，军服的款式根据不同的时代潮流不断发生着改变。难能可贵的是，西点军校传统的灰色制服多年来始终没有显著的改变。

从设计之初，军服一直被分为两大类型：一种用于室内着装；一种用于野外作业。不过让我们感到吃惊的是迷彩服和军靴被越来越多的人用于时尚打扮。我们现在还记得，当初每天不辞辛苦地把沾满泥浆的军靴擦得油光锃亮；把质地柔软的迷彩服上浆，笔挺得有如晚礼服。

作为指挥官，我们在不违背实用性的情况下，努力追求军容整齐美观。要做到这一点实属不易。而当我们作为第一批进入越南的美国军队被派到战场时，就更是难上加难了。在丛林中战斗数月后，军队看起来就像一群乌合之众，皮质军靴和棉质迷彩服很快就变得破烂不堪，然而，对抗这种热带天气又不能没有军靴和迷彩服。这种时候，锃亮不锃亮、笔挺不笔挺的问题早就被抛到脑后了。

但是，如果不是处于极端条件下，人们还是应该注重着装的整洁。无论是在闷热难当的亚洲丛林、暴风席卷的阿拉伯沙漠，还是舒适的公司办公室或者小型商场；无论是企业，还是个人，干净整洁的外表始终能够显示出自尊和纪律。但是高级皮鞋和价格不菲的西装绝不是判定一个人晋升的标准。

制服应该对出色的表现起到促进而非阻碍作用。

制服应该对出色的表现起到促进而非阻碍作用。就这一点来说，很多非军事机构的制服似乎就起到了阻碍作用。例如，企业要求员工佩戴领带，这一点让人无法理解。打着领带让人感觉非常不适，脖子像被勒住，大脑似乎也供血不足了。我们也是这个悠久传统的受害者，因为大多场合都要求佩戴领带。随着款式、型号、质地和颜色的推陈出新，领带产业飞速发展，领带价格也随之飙升——看来短时间内领带业是不会灭亡了。虽然领带佩戴起来让人感到束缚，不过它的确是身份和责任的象征。就像在军营中，遵守着装要求有其特定的意义，在企业中佩戴领带意味着对当前社会期望和社会上合理着装定位的认可。在某种意义上，一个人是否佩戴领带，领带颜色或款式是否适宜，决定着他能否顺利达到目标。这就像军人在打仗时身着合适的迷彩服和军靴一样重要。

军队有军服，企业有制服。商人的外表通常会给人留下深刻的第一印象，并且可能是永久的印象。着装不仅会影响一个人的心情，也会对他人产生特定的心理影响。人们可以通过一个人着装的风格和色彩迅速推断出他的专业领域和职位。

银行家和会计通常穿暗色西装、白衬衫，系暖色领带，因为这样会给人沉稳和谨慎的印象；律师偏爱三件套的西装，西装背心口袋上别着金链子，或是佩戴优秀毕业生勋章，给人留下精英的印象；股票经纪人的典型装扮是丝质印花衬衫，镶钻袖扣，手绘领带和劳力士腕表，表明自己投资策略的成功，并希望能够打动客户。曾几何时，人们一看到深蓝色西装、简洁棉质白衬衫的装扮就知道是 IBM 员工。很多企业的员工会在制服的翻领上佩戴一个年份别针，纪念自己忠诚服务的年数。另外，不同地区的制服也各有特色。**来自不同职位和机构的人身着各自的制服，虽然不像军服那样明显，但效果是相同的，即“穿在身上的履历”**。

来自不同职位和机构的人身着各自的制服，虽然不像军服那样明显，但效果是相同的，即“穿在身上的履历”。

第八章
谜一般的人性本质

一个味道，一个声音，甚至是一抹阴影都能够让人回想起过往岁月中无法磨灭的场景。对于参加过越战的我们，战场上发生的一切都历历在目，恍如昨日。最让我们无法忘怀的是那些人的脸庞，他们永远留在了那片丛林中。

在我们有幸认识的一些勇士中，有一个年轻人，算起来距他去世已经有20多年了，那时他只有18岁。在美国，18岁在很多州还不允许喝酒或投票，但他已经应召入伍，担负起保卫国家的重任。他和许多同龄人没什么区别，我们都没想到他后来能有那么英勇的举动。在一个深夜，随着一声巨响，越军的手榴弹落入我们的指挥部。在所有人都茫然不知所措的时候，那个年轻人飞身扑了上去。

为什么他和许多像他一样的人能够毫不犹豫地献出自己的生命？是环境驱使吗？或是与他们的家庭教育有关？还是他们都疯了？

在西点或是任何教育机构都不会开设“如何成为英雄”这类课程，或是指导学生如何在威胁生命安全的情况下表现出超常的勇气。

很多心理研究人员都试图找出促使人们在战争或是其他危险环境下奋不顾身的原因。**在西点或是任何教育机构**

都不会开设“如何成为英雄”这类课程，或是指导学生如何在威胁生命安全的情况下表现出超常的勇气。总之，这个最令人敬佩的人性光辉像谜一样地存在着。

在战场上，指挥官要学会预料不同的士兵在面临严峻压力时的不同反应。他们要知道哪些士兵会临危退缩，哪些士兵会迎难而上；还要明白智力水平的高低和是否服从命令并不是判定英勇行为或是懦弱行为的标准。除此之外，年龄、种族、宗教信仰、体魄、社会或经济背景也不能作为评判标准。在惨烈的战场上，面对死亡的威胁，体魄最强健的运动员可能被吓得崩溃，而骨瘦如柴的书呆子却可能变成真英雄。

英勇行为通常是对恐惧和求生本能反应的结果；有时也可能是一种需要同行认可的心理需要；有时也许是一种死亡意愿，例如在极端情况下，士兵因为看到自己的同伴牺牲，从而产生了内疚反应导致他们做出一些超常行为。但是英雄主义绝不是专指战场上的无畏行为。例如，一个将一生都奉献于照顾自己残疾孩子的母亲，在很大程度上来说，和牺牲自己生命挽救整个部队的英雄是一样的。

英勇行为通常是对恐惧和求生本能反应的结果；有时也可能是一种需要同行认可的心理需要。

军队组织大量的演习，模拟战争状况，使士兵们在真正的战争到来之时有备无患。虽然士兵们必须在模拟的战争中接受残酷的考验，经历一遍又一遍的演习，但是在这个过程中，他们始终会认为敌人只是假扮的，死亡也不会真正来临。事实上，无论多少心理和身体上的演练都不能保证真实战场中的预期表现。这些演习只能帮助士兵们适应环境，为应对将来棘手的状况做好准备。

当我们第一次在战场上面对真正的敌人时，感到身体里肾上腺素迅速飙升、心脏狂跳、呼吸急促。我们不断地卧倒，躲避射来的炮火。对于年轻的我们来说，死亡只是一个遥远、模糊的概念。即使是在越南的稻田中激战时，我们也觉得自己是打不死的。但是，这瞬间的疯狂又会被突然拉回现实。

也许那个瞬间仅维持了几秒，但感觉像是几个小时那么久。震惊之余，我们在那一瞬间领悟到的一切充斥着整个思维。我们清晰地感受到了一种前所未有的生命力，脑海中的恐惧消失了，于是我们竭尽全力消灭敌人。

回想起来，在我们醍醐灌顶的那一刻，思绪自然而然地游走在潜意识里，发现了隐藏之中的高尚品格。那时，在我们的意识中，完成任务和保证同伴安全的需要远远高于自己生命安全的需要。我们终于明白了，**高尚的品格绝对是真正英雄的共同点**。

高尚的品格绝对是真正英雄的共同点。在商界，品格也是区分英雄和懦夫的标志，阻止人们向卑劣行径低头。

同样，**在商界，品格也是区分英雄和懦夫的标志，阻止人们向卑劣行径低头**。正是因为拥有高尚的品格，很多华尔街银行家、信贷机构职员和企业管理人员才能“冒天下之大不韪”，伸张正义，不惜牺牲自己的工作。他们是一群英雄，他们宁愿牺牲自己的生计与事业，也不愿屈服于上级强加给他们的不道德要求，纵容同事的不正当行为或是趋炎附势于无能的政府官员。他们深知挑战权威的后果，却依然我行我素。这是因为他们的品格是那些敢怒而不敢言的人所没有的。那些人只会屈服于获得金钱、权力或是仅仅保全工作的个人欲望。

相反，我们总是会在电视上看到很多曾经德高望重的政界名流、法官、牧师，以及华尔街、银行和信贷业的领袖们因为不道德行为被法院判刑时痛哭流涕、精神崩溃的样子。真可谓是“镜头一曝，英雄尽失”。这也恰恰说明了高尚品格的缺失。很多美国民众百思不得其解：“为什么之前那么多人把他们都当成英雄呢?”

商战是无形的战场。这意味着**品格要接受千变万化的状况和环境的反复考验**；意味着须决策时就应该做出勇敢果断的决策。而实际上，道德总是向个人利益妥协。

英雄主义是不可言传的，但品格绝对是可以培养的。西点的目标就是要“培养高品格的领导”。西点在题为《2002 年及展望——通往新世纪的路线图》的报告中提到：“品格更需要被认知，而不是被定义。”还提到：“**一个具有高尚品格的人拥有正确的是非观念，并且能够在大是大非面前正确施行。品格不仅意味着卓越的道德伦理表现，还意味着坚定、决心、自我约束力和判断力。**”一个人之所以成为英雄的内在原因可能很难被他人察觉，因为它深深植根于他的品格中。

一个具有高尚品格的人拥有正确的是非观念，并且能够在大是大非面前正确施行。品格不仅意味着卓越的道德伦理表现，还意味着坚定、决心、自我约束力和判断力。

西点教导我们，品格是“连接内在价值观与外在行为的桥梁……艰苦的学习、工作和艰难的经历是培养坚强和高贵品格的必要条件……你对自己越了解，你的意志和自我约束力就越容易得到锻炼，你的品格越容易得到巩固”。

这些内容在《军事领导力》中的“品格塑造步骤”也有体现。这些步骤对从事各行各业和各种身份的人都有帮助。

- 对你现有价值和品格做出评估。
- 确定你想要培养的品格。
- 为培养理想品格寻找相关的使命或挑战。
- 挑选一个具有你所崇尚的价值和品格的人作为榜样。

愿意为维护道德和伦理标准而付出的人才是这个社会真正的英雄。

企业也应当制订类似的品格培养计划来鼓励高尚品格的塑造。在适当的情况下，应当奖励那些展示出勇气和意志的人，因为**愿意为维护道德和伦理标准而付出的人才是这个社会真正的英雄**。

第九章
奖励与奖章：廉价却最有意义

当我们还是西点学员时，总是对老兵们军服上五颜六色的奖章钦羡不已。他们的英勇行为使我们敬畏。我们不敢想象，有一天能够成为他们那样的军人。即使是一条绣着“突击队员”字样，黄底黑字的窄窄肩章都像是一个遥远的梦，对我们来说，得到那样的肩章就意味着成为真正的男人。

当时，经济利益或是社会地位对我们来说，没有丝毫的吸引力。作为西点学员，我们信奉“责任、荣誉、国家”的信条，我们的思想和灵魂都充斥着一种兄弟情谊。虽然西点注重培养我们的理想主义情怀，但是只有真正到了战场上，才能被优秀的男子气概所洗礼。**我们愿意浴血奋战，甚至付出生命的代价，只为赢得象征勇气的勋章**，因为这样我们就能跻身于自古以来最英勇的战士行列。这听起来像是骑士小说中的内容，但对于当时身处灰色石墙之内的我们来说，这的的确确是我们的梦想。

我们愿意浴血奋战，甚至付出生命的代价，只为赢得象征勇气的勋章。

在西点学习时我们才知道，那些令我们垂涎的军事奖章的历史其实并不算悠久。从 20 世纪开始，军事奖章才成为一个重要的军事因素。出于对欧洲君主制度的愤恨，这种来源于欧洲，以颁发装饰性勋章奖励军功的制度是美国长期以来明令禁止的。美国最早的奖章是独立战争时期的“军事优异奖章”，也就是后来的“紫心勋章”。美国内战时期，军方唯一认可的奖章是“荣誉勋章”，用于奖励在面对敌人时表现出非凡勇气，不惜献出生命的战士们。但是，后来有人批评，就像许多虚伪的欧洲国家出于政治原因授勋皇室成员一样，“荣誉勋章”的含金量也不高。例如，在美国内战时，缅因州第 27 步兵团的 864 位士兵在服役一年后，全部因为驻守华府的突出表现被授予“荣誉勋章”。

美军长期奉行“单一奖章”政策，直到第一次世界大战才有所改变。美军意识到奖励和勋章能够在提高士气上起到积极作用，因此，美军开始大量设立各种奖励和勋章。但不幸的是，由于奖章的种类过多，很多都失去了它们原有的意义。不仅如此，士兵们通过奖章争取职位晋升的趋势更是愈演愈烈。事实上，很多人的奖章都是通过“伪装英勇”得来的。我们在越南期间，发现很多军官命令自己的下属向上级推荐自己的“英勇”行为，希望因此授勋。事实上，他们最“英勇”的行为就是从几千英里高的直升机上俯瞰战场情况。这种欺骗行为自然而然地稀释了奖章的意义和重要性，并且使许多人对整个奖励系统以及某些人行为的真实性产生怀疑。

虽然持怀疑态度，但是直到今天，人们还是会以军服上的勋章来评价一个军人。一枚装饰着一英尺长丝带的小铜牌，就是让士兵们在战争中冒着生命危险，忠诚服务国家的最低造价。制作这样一枚勋章花费甚小，却是有史以来激励士兵、激发模范行为的最有效方法之一。

同样，企业以晋升、奖金和特权奖励优秀员工。事实上，其他形式的认可对于鼓励和奖励杰出表现也是非常有效的。**如果企业能够像军队学习，建立设计合理、沟通顺畅、管理得当的奖励系统，就能有效地鼓励和奖励员工。**以下是一些关于建立奖励系统的建议：

如果企业能够像军队学习，建立设计合理、沟通顺畅、管理得当的奖励系统，就能有效地鼓励和奖励员工。

1. 奖励应该是一种心理上的激励。奖励的金钱价值并不是最重要的，最重要的是对于被奖励者的意义，以及对周围人的影响。
2. 信念坚定的人应该得到认可。要对他们付出的努力进行奖励。
3. 奖励可以培养团队氛围。让被奖励的成员向其他成员展示自己为团队付出的成果。
4. 限制奖励的数量很重要。奖励过多会产生负面影响。
5. 奖励应该以一种公开的方式发放。这样能够产生更大的积极效果。
6. 对杰出表现应该及时奖励。可以酌情为一些特殊活动或成就设立“即时奖项”。
7. 奖励应该分为不同的级别，但是对于如何分级要有合理的解释。了解不同级别奖励的意义和要求有利于激励其他人。

8. 企业除了设有奖金或工资调整的基本奖励之外，还可以包括以下奖励：

- 服务资历奖（服务时间至少五年）。奖励形式可以是别针等物品。对于服务时间超过 20 年的员工可以附带发放一些奖金。
- 退休纪念别针、钢笔、手表，可以附带镶框证书和奖金。奖品应该印有公司标志，并且以公开的形式颁发，可以邀请职工的家人出席。
- 奖金或证书礼品。这些奖励的设立要合理，不能引起领奖人不切实际的期望。
- 成就证书。证书应由董事会或高层管理人员授权认可，应由高层管理人员签字并颁发。
- 模范或杰出行为特殊奖。该奖项的获奖者每年一到二人。奖励包括能够代表企业或 CEO 风格特点的别针、镶框证书以及奖金。奖励以公开形式发放，并须得到企业高层管理者的授权认可。

企业奖励个人的方式通常是按照个人在企业中的等级赋予其相应的特权。例如个人专属车位、豪华轿车服务、企业专车服务、管理人员用餐特权，以及乡村俱乐部会员服务。虽然上述特权对个人责任感的增加起到了一定的激励作用，但是也可能导致企业中出现阶级制度。不管企业中的阶级制度早已成为现实，抑或是处于萌芽阶段，企业都应该采取行动，努力减少管理人员之间以及管理人员和员工之间的不平等现象。

事实上，一些简单的措施就可以营造和谐的工作环境，如取消专属停车位、餐厅特权分区（除非客户要求单独用餐区域）、企业豪车服务等，仅提供可以让企业直接受益的俱乐部会员服务。正如军营中广为流传的一句格言："军官和士兵同食同寝；士兵享用在前，军官享用在后。"如果企业能够真正践行这句格言，势必会在培养忠诚度和建立团队精神方面受益良多。

第十章
洞悉本性，激发士气

在大多数情况下，士气来源于能够激发出个人或团队热情、忠诚和自尊的指挥官或长官。我们在西点时学到，要能做到这一点，不仅要了解人类本性，还要时刻关注他人的需求。

军队中盛行的“家庭观念”是很多企业缺乏的。他们唯一忠诚的对象就是工资单，任何危及到工资的事情他们都会尽量避免。

我们在第三章已经提到，**很多企业的管理者不懂得尊重员工的意见、想法和感受。军队中盛行的“家庭观念”是很多企业缺乏的。正是因为这样，很多员工对自己的工作感到麻木不仁，办公室或工厂只不过是他们为了生存每天不得不待上八个小时到十个小时的地方。他们唯一忠诚的对象就是工资单，任何危及到工资的事情他们都会尽量避免。**这种工作态度虽然很可悲，却在很多人身上活生生地上演着。然而，令人不满的工作环境是可以改变的，而且并不会产生大量的额外开销。如果企业能够更加关注员工的诉求，包括个人诉求和集体诉求，那么员工心中的不满和卑微感，就完全可以被转化成热情、尊严、忠诚和对企业以及管理者的信任，进而激发更加专注和优秀的工作表现，从而保障生产。拿破仑曾说：“士气和武器的比应为4：1。”意思是说，在决定战争结果方面，士气远比武器装备重要。

士气和团队精神是军队的传统。它体现为战士之间的一种情感纽带，对同伴和指挥官的忠诚以及永不言败的决心。《FM 22－100 号令》中提到，团队精神象征着“军队的灵魂和精神状态……军队中每个战士都认同的宏观思想意识”。军队的战士们可能要连续数周甚至数月在荒无人烟的丛林或沙漠里吃饭、睡觉、作战，这就意味着指挥官必须持续将监督和鼓舞士气作为工作的重中之重。为配合指挥官的工作，军队特别制定出“营造积极指挥氛围”的方法。该文件中包括各种技巧，指导军队领导在士兵之间以及士兵和指挥官之间建立信任感，并且营造一种公平、协作、公开、坦率沟通的氛围。

该文件是在我们退伍后才出台的，对军队领导如何建立积极的指挥氛围有着详细、明确的指导。其中包括的各种概念在《常规任务手册》中也有涉及。这些概念并不新颖，与我们在西点学到的领导力基本原则非常相似：

1. 与士兵共同展望前景或是就某个论点进行讨论。
2. 所有训练活动都应有所侧重。
3. 制定可实现、清晰易懂的高标准。
4. 鼓励士兵以自己为竞争对手，而不是以他人为竞争对手。

5. 给予士兵一定的自由，锻炼他们的主动性。
6. 根据不同级别设定相应的职责义务。
7. 表现出对士兵的信心。
8. 鼓励并且奖励明智、谨慎的冒险行为。
9. 通过积极鼓励和奖励的方法促进士兵们更加优异的表现。
10. 对士兵的无心之失要予以包容。
11. 在适当的情况下鼓励下属参与共同决策。
12. 明确传达使命，并明确指出下属在何时可以自行判断。
13. 注意倾听下属的心声，主动询问他们的意见。
14. 要表现出对士兵的关心。
15. 制定高标准并以身作则。
16. 身体力行。

这些理念看似简单，却总是被企业管理者们忽略。管理者们总是无视员工的意见，特别是反对意见。

这些理念看似简单，却总是被企业管理者们忽略。管理者们总是无视员工的意见，特别是反对意见。有些管理者利用自己的职位优势，拒绝解决一些敏感问题，因为这些问题可能会证明他们的错误或是需要改变一贯的行事方式。有些管理者两耳不闻窗外事，丝毫不管员工间的各种纷争。

管理者们存在的类似问题几天几夜也说不完。这些问题产生的原因可能来自管理者的不安全感、偏见态度、自身优越感以及长期从事一项工作带来的自我满足感。事实上，管理层根本无法意识到员工的挫败和痛苦，他们更加意识不到自己才是造成压抑工作环境的原因。

有些管理者的确已经意识到无法了解员工心里真正的想法。他们认为“走动管理”（例如和员工一起在公司食堂用餐，或是卷起袖子和员工在生产线工作）也不能揭示员工们对工作不满足的原因。在这种情况下，匿名的员工态度调查不失为一个了解员工想法和感受的可靠方法。虽然这种调查并不是军队发明的，但我们发现这种调查对于评估企业（个人士气评估暂且不考虑）非常有效。以下是开展调查时须考虑的要点：

员工态度调查

1. 目的。分析企业目前士气，制订计划，采取行动改善存在缺陷的领域。
2. 管理层应接受各种意见，哪怕是批评性的意见。对于调查结果不得采取任何报复性行为。
3. 管理层和选定的员工小组成员都应认同调查的目的，以及调查问卷的设计。
4. 设计调查问卷非常关键。典型的调查问卷应包括被调查者的基本信息、对于目前实行的政策和实践的态度（普通多选题）以及可选的开放性回答（包括对于工作、上级、企业和其他任何领域的意见和建议)。调查问卷的结果对于人力资源公司的某些领域非常有价值，如工作需求、工作环境、薪资、管理自信度、适当沟通、成长机会以及管理效率。

5. 为减少企业内部的偏见，调查表应由无利益关系的第三方进行管理。

6. 调查应该在工作日进行，以确保保密性和员工最大限度地参与。

7. 对调查表分析后，应尽快制定改正性措施。除此之外，还要将改正措施以书面和口头的形式告知被测试者。这才是整个调查步骤中最重要的一步。这样做不仅证明了管理层对调查的重视，也是对员工参与的认可，并且为提高士气问题提供了具体的解决办法。

客观的调查评估结果可以从员工的角度揭示企业的健康程度，并且明确显示出需要加强的领域。

客观的调查评估结果可以从员工的角度揭示企业的健康程度，并且明确显示出需要加强的领域。企业总裁和高管应该全力支持调查问卷的实施，并且确保定期的跟进和沟通工作。

第十一章
充分利用经验，有效解决问题

任何学校都不会开设传授“经验”的课程，因为对经验及其囊括的内容很难界定和评估。它是个很抽象的概念，但在日常生活中的影响却又如此真实。

经验在战场上尤为重要。当我们还是年轻指挥官时，总会遇到各种情况，需要我们做出即时决策。虽然并不是所有的情况都生死攸关，但是各种情况都或多或少地需要经验的协助。很多次，尤其是当我们初上战场时，我们总是感叹能活下来是多么侥幸，因为那时的我们几乎没有任何实际经验。

后来，我们来到越南战场后，在擒拿格斗这方面才逐渐建立起信心。在越南时，哗哗的流水声、脚下树枝的断裂声、奇怪的味道、当地农民不安的眼神——这些真实体验使我们对陌生的环境逐渐熟悉。和经济学所谓的“收益递减”原则不同，我们在战场上摸爬的时间越长，经验的储备就越多，经验为我们的幸存提供了保障。

经验无法用科学术语去描述或评估，对其最准确的定义是：“一种感觉，一个人对自己能力的确定性。”

经验无法用科学术语去描述或评估，对其最准确的定

义是：“一种感觉，一个人对自己能力的确定性。”因此，经验的缺失会引发人的无助感。人们对全新状况的心理分析不可避免地会受到曾经类似状况中出现的想法或偏见的影响。经验的储备越充足，影响就越实际和深远，自信也油然而生；而一个人的经验越少，他对事物的认知就越浅，不安感便会增加。

虽然我们不知道经验如何储存在大脑中，但我们可以随时运用储存在其中的信息，四处搜寻曾经解决问题的方案，运用到将来的类似情况中。当我们根据过去的经验做决策时，大脑便会搜寻行动方案。这并不是一次性的精确反应，而是重复搜寻过去的记忆和参考点。例如，当看到“避弹坑”这个词时，我们联想到的绝不仅仅是“地上的大洞”，而是由此引发的各种感情和思想。对于亲手挖过避弹坑的人来说，看到这个词必然会打开记忆的闸门：在岩石密布的山脊处，凿出一条小沟会使双手磨出血茧；骤雨倾盆而泻时，泥泞的沟壕里水位不断上涨，直到把整个人淹没其中；狭窄有限的空间让人无法入眠。坐在客厅舒适的躺椅上阅读这些文字，你可能无法想象那是种什么样的折磨。无论是西点，还是其他军校，都无法教会我们战争是什么，应该如何面对。直到我们身处战壕，敌人开始发起一轮轮攻击时，我们才真正领悟到了那些问题的答案。**经验是无形的，它是我们在一生中体会到的所有声音、气味、影像、味道和不安。**

经验是无形的，它是我们在一生中体会到的所有声音、气味、影像、味道和不安。

军队发现并培养有能力的军官最有效的方法就是每两

三年将他们调去新的地点，接受新的使命。只有这样，军官们才能不断积累应对不同挑战的经验。和企业不同，军队不会让一个人在同一个岗位工作30年之久，日复一日、年复一年地重复同样的工作。通常，军队会委派给军官们不同的工作，无论是指挥还是参谋工作，工作地点都不定。工作期间还会不时穿插一些进修和教育项目。事实证明，这种方法在培养富有经验、能够保卫祖国的领导方面是行之有效的。

同样，**经营有方的企业应该不断调动管理人员的工作岗位，让他们去经历曲折的学习曲线**。一旦他们适应了某一个管理区域时，就将他们调入陌生的管理环境。这种“垒积木”式的方法能够促进个人认知能力的开发，帮助管理者们通过亲身参与来收获更直接的体会，同时还能培养管理者的判断能力，最终胜任企业掌舵者的角色。就像“避弹坑”一词会激发大量的联想，商业词汇和理念也会使人们想起从过去各种情况（无论最终是积极还是消极结果）中得来的经验。每一个CEO在变成CEO之前都经历过艰难棘手的挑战，正是这些挑战，才逐渐将他们锻炼成为能够胜任这个最高职位的人。

经营有方的企业应该不断调动管理人员的工作岗位，让他们去经历曲折的学习曲线。

基本经验能够影响人们的价值观、决断力，提高人们处理人际关系和激励他人的能力，这些能力能够运用到人生的各种历程中。同样，特殊技能带来的经验也可能适用于多个行业和领域。总而言之，我们必须乐于学习，以便适应新环境，利用过去的经验，有效地解决现有问题。

第十二章
训练：熟能生巧

还是年轻军官时，我们总觉得军事生活就是永无止境的训练。处于和平时期，生活就是一个接一个的“彩排”，似乎永远没有“实拍”的那一天。我们年轻躁动的心一直蠢蠢欲动着。从飞机上跳下，猛冲上山坡，如此简单的例行程序何必要每天重复？这就像让一个消防员每天把消防滑杆擦得银光闪闪，却永远不给他纵身滑下滑杆冲入火场的机会——既浪费时间，又浪费专业培养。和许多同龄人一样，我们年轻气盛，我们渴望改变每天充斥着模拟战场和虚假敌人的单调生活。直到我们来到真正的战场后，才深深体会到“训练场上多流汗，战场上少流血”的真谛。

对于团队行动来说，只有不断训练，才能建立团队之间的能力、协作、信任和自信。

实战时，一个人在战场上是否能够胜任其本职工作和团队工作，与他的战前训练情况有直接关系。**对于团队行动来说，只有不断训练，才能建立团队之间的能力、协作、信任和自信**。训练是战斗预备的基石。《FM 22－100 号令》中也提到，训练是一种纪律，“渗透在军事组织中”。历史经验也表明，备战不充分的人通常都会失败，而最后的幸存者和赢家都是经过恰当训练的。

重复性的动作能够产生可靠的反应，这也是训练之所以能够起作用的原理。训练发挥作用的过程同样遵循“垒积木”原理。参与者，不管是个人，还是团体，需要不断应对日益复杂的情况。但是，过于死板的训练方法会压制个人思想，导致“机器人式”的教条行为，很多军事领域的训练方法仍然存在这样的问题。

重复性的动作能够产生可靠的反应，这也是训练之所以能够起作用的原理。

商界的“战争”更像是一场“持久战”。因此，很多人认为训练既没有意义，又浪费资源。大多数情况下，企业中唯一的训练形式就是入门培训。虽然有些时候培训非常必要，并且仅需几天时间，但是管理者们也不愿意让核心员工接受培训，因为这样会影响生产。然而管理者们似乎还没有意识到培训的重要性，技术停滞不前，对于企业竞争力可能起到阻碍作用，尤其是对技术要求很高的新型产业。要想解决这个问题，需要通过合理策划并实施培训。

在训练这方面，军队可谓真正的行家。军队采取集中的规划理念，分散的执行方式。士兵们都要经过部队上级或相关人士的指导，从而培养他们履行职责的能力。军队的训练计划和标准都必须经过领导们由上至下的逐级认可。不仅如此，领导们还要亲自参与训练的规划、执行和评估工作中。在军营中，我们总会看到将军们亲临训练场的情形。他们观察士兵训练，还会不时向士兵们亲自演示。这种上级亲自参与的方法，不但有益于训练的有效开展，还有利于营造亲切的氛围。现代管理学之父彼得·德鲁克在日本人通过长期培训，增强员工对本职工作和工作用具的责任感。

强调训练的重要性的时候曾提到，日本人也采取类似的做法：“**日本人通过长期培训，增强员工对本职工作和工作用具的责任感**。所有员工在退休前都会持续不断地接受培训。周培训是例行公事。培训通常由员工或是检查员自己指导，没有特定的培训指导员。”

为了保证训练计划的实施，军队要求训练员撰写标准课程计划，确保一致性和计划性。课程计划要对整个部队起到指导作用，通常由训练员准备，还要经过上级的批准。如果条件允许，须在上级的监督下，在实战前进行演练。非正式训练，无须提供详细的课程计划，但要遵守基本的程序，并且训练员一定要有经验并做好充分准备。下面的大纲提供了制订各领域课程计划时须包括的内容和信息。这是军队制订课程计划的标准格式，企业可以利用这个格式制订满足其需求的各种计划。

课程计划（可以自行添加合适的标题）

目的：明确阐述为何实施培训计划。

参与者：参与培训的人员。

目标：列出每个参与者在培训结束后应达到的目标。要详细阐述，以便日后对该培训的有效性进行评估。目标一定要切实可行，如果目标制定不合理，员工和企业都无法受益，该计划也就没有任何意义。

培训前提：参与者在参加培训前须具备的要求。

培训指导：阐述培训将如何成功实施。

（1）准备工作

a. 培训师。列出培训师须阅读或审查的内容；如何布置培训区域；培训基本情况的备忘录；就培训前的要求、责任和物质准备等问题与参与者进行沟通。

b. 参与者。列出参与者应阅读、检查和准备的内容。

c. 资源。列出培训中可以利用的资源。

（2）个人介绍。介绍目标和现状。

（3）强调重点。列出所有须强调的重点，按照重要程度依次排列。

（4）表现评估。培训是否会被评估？如果会，列出评估标准。

（5）培训小提示。提供额外资料和小技巧等。

（6）参考资料。列出培训的参考资料。用于证实资料的有效性或是供参与者将来使用。

商业培训既可以在企业内开展，也可以在外部环境中开展。高层管理人员有机会参加各种研讨会和座谈会，探讨广泛的话题，从领导力的技巧到技术知识。实际上，在企业内部也存在很多针对各级别的教育和学习机会。通常企业的财政状况决定着企业培训的频率，因为很多管理者将培训视为额外开销。但是，很多进步企业建立了自己的

商业培训既可以在企业内开展，也可以在外部环境中开展。

企业管理层应保证持续不断的交叉岗位培训，为各关键职位（包括CEO）培养后备人才。

内部培训计划，这些计划由企业内部人员自行开展。事实证明企业内部的培训是非常有益的，不仅在员工中实现了培训和交叉培训，而且节省了外部培训的开销。

在战场上，人员的替换是不可避免的，因此军队会对士兵进行交叉岗位训练，这样就算军队遭遇迫击炮袭击时，也不至于完全崩溃。同样，企业也不能因为某个掌握核心技术的人员流失就中断经营。**企业管理层应保证持续不断的交叉岗位培训，为各关键职位（包括 CEO）培养后备人才**。就像军队中多年来实行的那样，指挥官不断训练自己的副官，直到有一天被取代。

第十三章
应对改变：不断创新和长久平稳之间的绝对平衡

西点军校位于纽约城以北 50 英里。到这里待一小会儿你就会发现，这么多年来，西点似乎没有发生过改变。军校坐落于哈得孙河的空谷间，校园内的空地上点缀着伟大军事将领们的铜质塑像。近两个世纪以来，他们无时无刻不在注视着这仿佛被时光尘封起来的校园。人们很难想象在这个古老的城堡中会发生什么变化。

我们总能回想起在西点被各种规章制度包围的日子。在那些日子里，我们学会了如何服从、如何领导、如何在不同的情况下做出不同的反应。西点教授给我们无穷无尽的方法论，但似乎忽略了一点，也是领导力的一个核心组成部分：应对改变的能力。**虽然西点教导我们要应对不同的挑战，却只许我们利用反复演练过的方法将问题最小化并最终将它们解决。**

虽然西点教导我们要应对不同的挑战，却只许我们利用反复演练过的方法将问题最小化并最终将它们解决。

当我们进入军校时就是如此。维持现状就是最重要的目标。以少校和上校为代表的中层领导顽固、迂腐地坚决捍卫现状。任何危及他们利益的建议，都会被扼杀在摇篮中。只要他们察觉到一点儿异样，就会立即将提出异议的人踩在脚下，尽管这些人只是毫无抵抗力的士兵。长此以往，士兵们勇于改变的雄心被碾碎，创新精神就不复存在。这种顽固落后的风气使很多年轻军官服满义务兵役后就愤然离开军营。很长一段时间，整个美国军队都懒散萎靡地沉浸在二战胜利的荣光中无法自拔，他们自以为是地认为，用来打败德国和日本的武器和策略，也一定适用于任何传统战争。很显然，他们从没考虑过改变。

如果说危机是改变的原动力，那么越南一战就是美军改变的原动力。从南亚撤军后的几年中，美军一直在深刻反省。此后，全新的领导力便诞生了：平民大学的高等学历成为高级军官提拔的普遍条件，对过剩和不称职的中层领导进行劝退或除名。新兴的军队领导都意识到要顺应不断改变的时代和未来需求，带领军队不断做出调整。

与此同时，西点也经历了一段探索，对其在培养国家年轻领导人和如何应对改变方面进行了深思。经过五年的准备，军校于1990年出台新计划。前文中提到的戴夫·帕尔默中将是当时的军校校长，他在《2002年及展望——通往新世纪的路线图》中精辟地总结了这五年的成果："时光流转，传统随之发展、流逝。军校只有两种选择：要么改变；要么被淘汰。在一个不断改变的世界故步自封会与外界脱节，从而衰败……而毫无立场、心血来潮地改变又会因为犹豫不决而衰败。因此，西点面临的挑战也是人类永恒的挑战——在不断创新和长久平稳之间取得绝对的平衡。”

这个成果体现出西点对批评和缺点的反思。西点认为21世纪的军事领导“需要有敏锐的头脑，即使面临不确定甚至混乱的情况也能掌控大局；需要有创新的能力，提出实际的解决方案；需要有坚定的信心，确保方案的最终实施。虽然科技不断创新，但是人性本质是不会轻易改变的……整个世界充斥着巨大、迅速的改变，让人感到无从应对。但是军队领导必须具备所有的优秀品质，至少要能够应对改变。如果可以的话，还要能够驾驭改变，指导改变的方向”。

全美国人民在“沙漠风暴行动”中见证了美军的改变：明确的政治目标；政策高于个人；对人员、装备和物资的充分调度；在人员伤亡最少的情况下确保胜利；战略计划的英勇执行……这些都是改变的迹象。在烦琐的官僚机构中，这些改变实属难能可贵。人们在对现代武器的精准杀伤力感到惊叹的同时，也被操作这些高科技战争机器的士兵所折服。应对改变能够带来深远影响，这些都是有力的证明，也为企业提供了鲜活的榜样。

可惜，美国大型汽车制造商们应对改变的反应过慢。如果不是日本人意识到客户需求，并且以强有力的竞争速度将产品送至客户身边，也许底特律的汽车巨头们还纷纷骄傲自满地深陷拒绝改变的泥淖呢！

改变不是新潮流。在商界中，改变一直都是必要因素，

> 在20世纪90年代的十年中，我们完成了从管理控制向领导力的快速转变……仅仅加快工作速度是没用的。人们都希望得到明确指示，所以具备新时代领导力的人，一定是能够适应并知道如何应对模棱两可状况的人才。

只是最近似乎呈现出了新的角度。约翰·奈斯比特在他的大作《大趋势》中指出：**“在20世纪90年代的十年中，我们完成了从管理控制向领导力的快速转变……仅仅加快工作速度是没用的。人们都希望得到明确指示，所以具备新时代领导力的人，一定是能够适应并知道如何应对模棱两可状况的人才。”**

理想状况下，改变意味着积极的挑战和经历，能够让企业和员工受益。企业绝不能把改变作为通往短期金融利益的捷径，也不能为了改变而改变，更不能等到危机临头时才改变。应对改变意味着合理判断影响产品选择、设计、制造、营销和配送的预警因素，并及时决定是否应该做出改变；还意味着持续更新规划，预留资本储备，以备不时之需并做出及时改变；也许，最重要的是它意味着要在既定的商业经营方式失去效益时，勇于打破常规。

日本理特管理顾问有限公司总裁山下岩佐警告过日本的企业领导者，传统的日本经营方式虽然在全球竞争中获得了成功，但是很快就会被淘汰。他为如何做出改变提出了自己的意见。他的意见也值得我们好好研究，为更好地分析竞争者和将来的商业战争做好准备。

- 不要再被业余人士口中日本管理“世界第一”的话所迷惑。日本企业运营良好仅仅是依靠其高效的国家商业结构和庞大的社会体系。如果日本管理方法的性质不尽快改变的话，这两大优势也会渐渐失势的。

- 采取更加合理的决策和管理方法。不要将过多的人力多次浪费在过少的使命上（例如日本的配送系统）。
- 企业应摒弃“纯日本式”的价值观。重视新型企业文化（例如包括可口可乐公司和IBM公司在内的美国跨国企业文化），将国内经营方法与国外经营方法相结合。
- 不要试图将西方理念“日本化”，而是要将日本式管理西化。
- 摒弃封建制度，向现代化发展。不要宣扬日本的“群体自我意识”，这种思想导致专制企业联盟和企业自负现象。
- 对企业中有才干的员工要加以认可和鼓励，不断促进创新精神的发展。不要打压勇于突破常规的人。
- 在企业中讲英语，不要排斥英语流利的管理人员。

在快速变化的新世界，被淘汰的威胁对于竞争者来说有了全新的意义。如今保护主义的壁垒再也不能使本地企业高枕无忧，消费者们也不会将产品生产地作为决定是否购买的重要因素。将来，**能够在市场上幸存的企业一定是能够积极应对改变的企业**。

能够在市场上幸存的企业一定是能够积极应对改变的企业。

第十四章
激励积极行为

读鲍勃·伍德沃德的《指挥官》时，我们忘不掉书中科林·卢瑟·鲍威尔将军提出的一些信条和格言。不同于普通的名人名言，这些信条能够对培养领导力起到实际的指导作用。

鲍威尔将军同意我们将他的人生信条写进这本书。这不仅体现了将军慷慨大方的为人，也表明了他致力于培养领导力的决心。毫无疑问，他的这些人生信条，对于希望建立或是提升人生准则的人来说，具有珍贵意义。

科林·卢瑟·鲍威尔格言

1. 事情没有你想象的那么糟糕，明早起床后就会变好的。
2. 你可以发火，但不能无休无止。

3. 不要将自尊和职位捆绑在一起，因为如果有一天职位丢了，自尊也就没了。
4. 你能做到！
5. 谨慎选择你想要的，因为你可能会如愿。
6. 不要让负面因素影响你的正面决策。
7. 不要帮别人做决定，也不要让别人帮你做决定。
8. 注意细节。
9. 荣誉与人共享。
10. 保持冷静；人要善良。
11. 有远见，有追求。
12. 不要让你的恐惧占上风；不要听取死对头的建议。
13. 持续的乐观主义是力量的源泉（军队必须时刻探寻能够增加力量的方法）。

伍德沃德还在他的书中补充了两句鲍威尔将军的格言：

1. 有时候负责任意味着惹人讨厌。
2. 不尝试，你永远也不知道自己是否会成功。

这些看似简单的话语，背后蕴藏着丰富的人生经验。这些话语就像吉卜林的励志诗《如果》中的语句，人们喜欢将这些话语记下来，作为自己的座右铭。当我们渐渐形成自己的人生观时，这些座右铭就变成了我们的人生哲理。**西点将正直和尊重灌注到我们的血液中，今生无法消除，**

西点将正直和尊重灌注到我们的血液中，今生无法消除，不断激励着我们改善自己的言行。

不断激励着我们改善自己的言行。

人生准则不同于新年决心，可以随随便便放弃。人生准则体现了一个人生活的标准。大多数杰出领袖都曾将自己的人生准则写下来，放在显眼的地方，每天警示自己。科林·卢瑟·鲍威尔将军将他的人生准则压在办公桌的玻璃板下面；有些人将人生准则贴在浴室的镜子上，以便每天早上起床后就能看到；有些人将它们印到小卡片上，夹在每天随身携带的钱包或笔记本里。当我们还是军校学员时，也会将自己的座右铭夹在军帽的内衬里。

每个人的“人生小卡片”上的内容都不同，但它们起到的作用是相同的——激励积极行为，避免负面情绪。

每个人的“人生小卡片”上的内容都不同，但它们起到的作用是相同的——激励积极行为，避免负面情绪。人生小卡片不同于愿望清单，但如果称之为“原则”或是“标准”，又似乎太过严肃。有人认为应该叫作“内心备忘录”或是“良心贴士”。事实上，叫什么并不重要，重要的是对于希望自我改善的人来说，这是一个非常有益的方法。

第二篇

计划和流程

第十五章
个人决策，而不是委员会决策

“委员会管理模式”的盛行，使得如今瞬息万变而又高度全球化的商界严重缺乏决断力。愿意并且有能力做出艰难决策的企业领导少之又少。在短期利益的驱使下，“万能的”收益报表成为企业决策的王牌。

为了缓解重大决策带给人们的不安和犹豫，同时也为了鼓励企业管理者们勇敢地走出委员会的保护伞，企业亟须学习军队中实行的决策原则。

古往今来，伟大的军事将领们有一个共同点：他们都拥有远见和信心，能够做出明智、及时、勇敢的决策。虽然成功的领导者们行事方式各有不同，但他们似乎都有种神奇的本领，能够忽略细枝末节，迅速抓住关键要害。韦斯·罗伯茨在他的《匈奴王阿提拉的领导秘密》一书中提到，即使是匈奴王，“也鲜有完美的决策……因此最谨慎、最符合逻辑的建议就是最佳决策。”

决策力不是天生的，但是和领导力一样，它是可以培养的。

决策力不是天生的，但是和领导力一样，它是可以培养的。在协助指挥官决策方面，军队有一套系统化的方案，也可以看作一个解决问题的流程。这套方案格式简单、逻辑清晰，便于传达到各级，收录在《美国陆军 FM 101 – 5 号野战令》中，内容如下：

1. 明确目前存在的问题。
2. 收集信息，做出推测，确定问题解决方案的范围。
3. 制订可行的解决方案。
4. 分析、比较可行的解决方案。
5. 选择最佳解决方案。

在决策过程中，合理的推测至关重要。战争的结果很大程度上取决于推测的准确度，经营企业也是如此。

在决策过程中，合理的推测至关重要。战争的结果很大程度上取决于推测的准确度，经营企业也是如此。历史已无数次证明，无效推测只会导致不必要的伤亡和战争的失败。

推测和信息收集工作大多由参谋人员负责。参谋人员扮演的角色非常不讨好，却又对战争指挥必不可少。他们每天拿着战略图左右部署，虽然常伴在指挥官身后，却根本没有实权，他们的唯一使命就是为指挥官服务。在很多下属眼里，一些高级参谋人员着实令人讨厌，他们拿着鸡毛当令箭，总是部署一些不必要的工作，只是为了让自己显得位高权重一些。虽然参谋人员的工作多少有些费力不讨好，但是他们的确对决策工作起着至关重要的作用。企业中也有类似参谋的角色。

在战场上，参谋人员也面临着连珠炮式的“攻击”：他们要处理各种信息、未知情况、不完全或是错误的数据以及变化莫测的战场形势。与此同时，他们还必须保持清醒的头脑，时刻掌握所有行动方案的最佳时机。

很多规划师和经济学家们希望“业外人士”能明白，预测时机其实是一门艺术，而非一门科学。**很多情况下，预感加上一点儿经验和常识，往往比尖端的电脑程序更加准确**。可惜的是，军队和企业都在很大程度上完全依靠电脑程序进行预测。

很多情况下，预感加上一点儿经验和常识，往往比尖端的电脑程序更加准确。

就算不是军事战略家，也能明白 1991 年 1 月 17 日“沙漠风暴行动”之前，气候和增兵是如何影响战争情势的。很明显，美军重型装甲在前线集结待命，就意味着一场大规模军事进攻正蓄势待发。此外，在气候方面，1 月到 4 月间，当地沙尘暴和酷热退去，“机会之门”就此敞开：1 月，美军以空袭方式揭开战争序幕。当敌军被充分削弱后，陆军开始投入战斗。而此时凉爽的天气马上就会过去，敌军战场溃败之余，还要忍受即将回归的酷热天气的“夹击”。

为了在战争中占据更有利的优势，美军采用基本决策方法，要求对所有关键问题和建议措施进行实际评估。同时，美军也意识到，在推测行动时机时，对时间和未知情况的过多分析可能会产生反作用。所以，与其在错误的时机采取行动，还不如不行动。美军基本决策方法详见附录 B。该决策方法也适用于商业决策。

1. 问题。简单介绍问题。
2. 推测。列出所有逻辑推测。

3. 与问题相关的事实。考虑与问题或解决方案相关的客观事实。
4. 讨论。对所有相关因素进行详细分析，包括问题解决方案的利弊。
5. 结论。通过对相关因素和解决方案的分析得出结论。
6. 行动建议。陈述结论。行动建议必须与结论一致。

指挥官必须明白，自己才是最终做出决策并且对决策负责的人。

指挥官必须鼓励参谋人员对所有相关信息进行彻底、详细的分析，然后得出结论。最后也是最重要的，需要提供问题的解决方案，而不是仅仅陈述问题。**指挥官必须明白，自己才是最终做出决策并且对决策负责的人**。

很多企业采取和军队完全不同的决策方法，企业管理者试图通过委员会或是公开投票来解决问题。这种决策方法避免了个人决策，因此管理者可以将委员会作为挡箭牌。通常比较自由化的管理者喜欢采用这种决策方法，他们认为这样可以建立团队精神和个人价值感。但可惜的是，这种决策方法通常会因为决策责任的缺失而最终无法实行。而决策责任的缺失恰恰是阻碍有效决策的最大障碍。

企业应该遵循标准化的决策流程，重大问题应该由个人决策，而不是由委员会决策。

和军队相比，企业的决策环境缺乏组织性。企业通常采用的决策方法能够反映出个人的组织性和纪律性，特别是反映出企业 CEO 的风格与个性。虽然企业的决策方法各不相同，但是很多备受尊敬的企业管理者都一致认为，**企业应该遵循标准化的决策流程，重大问题应该由个人决策，而不是由委员会决策**。借用一句军事名言：“主战者（委员会）不打仗。”

第十六章
提供解决方法，不要仅仅陈述问题

审题——在西点的四年里，这两个字始终萦绕在我们的脑海中，时刻为我们敲响警钟。我们还清楚地记得那次考试，试卷发下来后，卷面上写着两个红红的大字——审题。我们的答案没有错，只是因为审错题而丢了分。后来，到了战场上，有一次我们发现后方送来的弹药和我们的武器型号不符，于是我们马上意识到，肯定又是后方梯队哪个家伙（我们通常用不太文明的外号称呼他们）搞错了。幸好我们及时做出了调整，在敌军发现我们软肋之前收到了正确型号的弹药。那次威胁生命的经历，再次有力地证明了军队中的一条准则：**采取任何行动之前，都要先明确理解问题和任务**。

《参谋研究》是军队中大多数非战术行动的理论基础，它可以将不确定性事件发生的概率降到最低。其中明确规定了在解决问题之前必须明确理解的问题。这就为指挥官提供了确定的参数，确保在分析解决方案和得出结论时不会偏离问题本身。和很多军事文件类似，《参谋研究》格式

采取任何行动之前，都要先明确理解问题和任务。

明确、规范，同时还很灵活，为参谋人员留出了一定空间来表达自己的想法和观点。

《参谋研究》通常由指挥官发起，然后任命行动官员就正在讨论的问题进行调查。《参谋研究》的内容必须包括对问题的判断和界定，对解决方法的讨论以及建立在各相关因素和推测上的建议解决方案。《参谋研究》非常简短，两到三页，其他补充数据可以作为附录。一般情况下，行动官员向上级提交书面的《参谋研究》，也可以口头形式向上级汇报。如果条件有限，简短的总结也可以。

《参谋研究》通常以简洁的问题陈述作为开头。行动官员须组织讨论，广泛地收集问题的解决方案。理想情况下，解决方案应该以事实为基础，因为决策会影响到未来的真实事件。但是在无法获得事实的情况下，推测（会在第二十一章详细讲到）也是非常有价值的，因此要广泛收集各种信息来源。

行动官员须根据《参谋研究》的范围和重要性与其他参谋人员进行商议，征求他们的意见，因为同一研究中，各成员负责的任务不同。例如，执行、物流、情报和监管工作都要分配给不同的人负责，所以在总结结论和建议时，很可能会产生不同的意见。在多数情况下，分歧并不是来源于对事实的分析，而是来源于对推测的不同意见。**要决定谁的推测具有优先权，谁的推测对于整体计划最具重要性**。因为参谋人员会自然而然地认为自己的推测更加重要，所以必须将所有分歧统一后才能得出结论，提出建议。在

要决定谁的推测具有优先权，谁的推测对于整体计划最具重要性。

分歧无法解决的情况下，须将不同方案作为附录一起上交。

《FM 101 -5 号令》中提到，《参谋研究》格式可以看作是思维流程图。参谋人员可以参照《参谋研究》学会如何从头至尾地进行合理推测，得出结论，最终提出建议。最终建议是否会被采纳先暂且不谈，《参谋研究》确实加速了整个决策进程。详细内容见附录 C。

参谋研究格式

1. **问题**。用不定式句型（例如，为了……）简洁地陈述问题。如果问题过于复杂，要说明范围。
2. **推测**。列出所有符合逻辑的推测。当缺少事实性资料时，可以以推测为基础，将问题的范围扩大或缩小。推测虽然不是事实，但也需要以一定的事实为基础。推测要用将来时或条件句来描述。
3. **与问题相关的事实**。客观事实会对问题及其解决方案产生影响。注意不要涉及不必要事实，以免将问题复杂化。有些事实可能需要在研究过程中才能发现，而有些事实在任务提出前就已经存在。应在“讨论”部分将事实以一定的逻辑顺序罗列出来。对于非常识性事实，要提供参考资料。
4. **讨论**。对于所有相关因素进行详细分析，包括各种解决方案的利弊。在该部分，要以简洁清晰的方式对研究中收集到的资料进行客观的分析。不管《参谋研究》的篇幅多长，结构多复杂，“讨论”部分必须简短，具体细节可以作为附录。撰写该部分时必须注意采用合理的观点。

5. **结论**。根据对相关因素和解决方案的分析得出结论。结论必须符合“讨论”部分的逻辑关系，结论部分不能出现新的信息，结论中须包括至少一个能够直接解决问题的方案。
6. **行动建议**。须包括一个或多个由结论推断出的建议。行动建议必须与结论一致。参谋工作必须做到位。例如，如果建议指挥官签署某个文件，那么必须在《参谋研究》附录部分的第一页附上该文件。

在企业中存在着这样一个问题，员工往往只会陈述问题，却不能提供解决方案。管理人员对这种行为的纵容更是大大降低了员工解决问题的主动性。长此以往，各种问题便洪水猛兽般向管理者们扑来。与此同时，员工们也被剥夺了培养决策能力的机会，管理技能始终无法提升。

在企业中存在着这样一个问题，员工往往只会陈述问题，却不能提供解决方案。管理人员对这种行为的纵容更是大大降低了员工解决问题的主动性。

企业可以借鉴军队的《参谋研究》步骤，制订自己的决策计划。下面列举的是一个企业关于削减行政开销的《决策书》。虽然这份《决策书》的格式不能适用于所有情况，因为不同情况的侧重点不同，但是它无疑能够对企业研究提供一定的指导，有利于企业负责人做出客观、谨慎的决策。

决策书

主旨：削减成本

1. 问题

为了减少部门开销，撤销行政部门一些不必要的职位。

2. 推测

a. 撤销一些职位后将不会对员工工作效率和效果产生影响。

b. 成本削减将会促进效益的增加。

3. 相关事实

a. 行政部门开销过多，工作表现却不尽如人意。

b. 某些职位的工作内容有重叠。

c. 行政职位无法增加销售。

d. 员工医疗及其他福利的开销日益增加。

e. 企业需要内存更大、更高效的电脑。

f. 企业需要更多的办公区域。

4. 讨论

a. 分析撤销特定职位的利弊。

b. 成本削减后的财务预测。

c. 成本（效益）分析。

d. 时机研究。

5. **结论**

根据第4部分的“讨论”得出结论。

6. **建议**

提出建议及其理由。建议应考虑到时机和其他的关键因素。

虽然《参谋研究》主要用于军事上的非战术情况，但实际上这种格式适用于各种情况，无论是战术的，还是非战术的行动；无论是军队，还是企业。下一章即将讲到的《指挥官局势分析》是另外一种类型的决策书，也被广泛地运用于军事和商战。

第十七章
局势分析：谁、什么、何时、何地、为什么、怎么做

在越南时，驻扎在我们附近的一支部队以勇猛著称，他们总是在没有空军和步兵支持的情况下就冲进敌人的战壕。他们也曾吹嘘，不管越军多顽强，都能被他们搞定。在我们看来，这种看似约翰·维恩[①]式的行事方法最终只会导致不计其数的人员伤亡。果然，没过多久，我们就听说那支部队在进攻一个防御精良的敌营时损失了一半兵力，其中还包括他们的指挥官。如果那位指挥官能够在进攻前，切实地分析敌人的优势和自己的劣势，那么他就一定能发现这次行动无异于集体自杀。

这种故作勇猛，而在我们看来愚蠢的行为，清楚地证明了，**对可能的行动方案做评估时，摒弃个人偏见的重要性**。为此，军队中专门有一个系统化的规程——《指挥官局势分析》。指挥官可以依照这个规程中的内容收集并分析

对可能的行动方案做评估时，摒弃个人偏见的重要性。

① 好莱坞明星，以演出西部片和战争片中的硬汉而闻名。

信息，最终做出明智的决策，顺利完成任务。这个规程在《FM 101 -5 号令》中也有所记载。它可以将战场情况客观地呈现出来，“对战况的各个重要方面进行总结，包括对事实和推测的总结。为解决问题或完成任务提供可行的方案。”《指挥官局势分析》最终做出决策，回答谁、什么、何时、何地、为什么和怎么做的问题。这个规程逻辑清晰、考虑周详，能够帮助指挥官考虑到所有相关事实和推测，最终得出合理的结论。

决策意味着在科学方法论的基础上，将逻辑、推理和直觉相结合。**不管最终决策如何，决策过程和结果总是会或多或少地受到主观因素的影响。在军队中是这样，在企业中更是如此。**

不管最终决策如何，决策过程和结果总是会或多或少地受到主观因素的影响。在军队中是这样，在企业中更是如此。

有一次，某生产商找到我们，希望我们能帮他们摆脱海外市场的困境。他们已经损失了几百万美金，快要支撑不住了。我们经过调查发现，该企业没有充分考虑到海外市场的文化和商业运作方式，只是一味地照搬在美国成功的经营模式。该企业的行事方式和那支行事鲁莽的部队没有区别。如果对海外市场进行深入、客观的分析，企业管理者一定会发现，将美国产品原封不动地搬到外国市场的做法是多么愚蠢，也许还能提前探讨出可行的解决方案。

虽然《指挥官局势分析》主要用于军事，但是这种逻辑的分析方式几乎适用于任何情况，尤其适用于商业分析。如果时间充足且有必要的话，可以进行非常全面、透彻的分析；如果情况紧急，可以进行简短的分析，类似《参谋研究》，甚至可以进行口头分析。《指挥官局势分析》中，通常只涉及一些重点问题，因为许多常规问题会在《标准操作规程》中提到。附录D是详细的《指挥官局势分析》格式。

指挥官局势分析

1. **任务**。
2. **局势和行动方案**。指挥官对行动相关的所有因素和方面进行分析和考虑，制订出可行的行动方案。
3. **行动方案分析**。对第2部分中提出的行动方案进行逐条分析，判断优劣，整合并改进。通过沙盘演练，判断是否需要火力支持或其他力量的支援。
4. **行动方案比较**。将第3部分提出的各行动方案进行比较，得出最终结论，确定最佳行动方案。
5. **决策（建议）**。选择最可行的行动方案，并做出最终决策。决策必须考虑到完成整个任务的所有要素。行动方案必须回答谁、什么、何时、何地、为什么和怎么做的问题。

通常，在时间允许的情况下，指挥官需要在按实际地形地势比例缩小的立体沙盘上进行局势分析，然后才能采取决策行动。关于沙盘演练的详细内容会在第三十章谈到。通过这个方法，指挥官可以对影响局势的所有因素有着更加宏观的了解。

根据军事决策书的格式，我们制定了下面的《市场决策书》。它可以指导企业管理者做出正确的商业决策，防止他们偏离客观决策的轨道，误入主观情绪的“雷区”。市场决策书可以根据不同行业和领域的需求进行相应调整。

市场决策书

1. 陈述决策书的目标。

2. 形势。

(1) 目标市场的特点

① 描述地理位置。

② 该地区的经济、政治、社会和季节状况。

③ 人口情况分析。

④ 客户概况和购买习惯。

(2) 竞争力（对每个重要竞争者进行逐一介绍）

① 名称和基本信息。

② 产品信息，包括对现有技术水平的分析。

③ 市场定位和市场份额。

④ 优点、缺点和弱点。

⑤ 厂房及主要销售点的位置。

⑥ 分销点的位置及描述。

⑦ 营销和促销手段。广告策略，包括媒体推介手段。

⑧ 销售网络及销售手段。

⑨ 客户形象和认知。

⑩ 销售技术支持。

⑪ 财政资源和状况。注意是否为大型企业的子公司，或是否与大型企业有某种关系。

⑫ 对目前研发能力和研发时间的估测。

（3）自身情况。就上述问题，对自身情况进行分析和介绍。

（4）相对竞争力。以上述分析为基础，评估竞争者的总体优势和劣势。

（5）竞争力。陈述竞争力，并分析竞争力对完成目标的影响。

（6）自身能力。陈述自身能力以及存在的选择。

3. 行动方案分析。根据自身的情况和能力，列出所有行动方案。对这些行动方案的优、缺点进行分析，找出提升能力的方法。沙盘演练法可以更清晰地显现出行动方案的优点、缺点和弱点，指出需要改进的领域。

4. 行动方案比较。对第 3 部分提出的行动方案进行比较。

5. 决策（建议）。选择最可能实现目标的行动方案。

在时间和地点允许的情况下，对方案不断改进。

和企业相比，军队在决策和分析过程中更加客观，这可能是由于两者目标和思维定势上的差异。除此之外，自负意识，特别是金钱和权力带来的自负感，也是驱使人们感情用事和鲁莽行事的主要力量。

鉴于主观性对于决策的影响，我们认为在企业中制定标准流程是非常重要的，它可以指导人们收集和分析相关信息，从而得出结论。

鉴于主观性对于决策的影响，我们认为在企业中制定标准流程是非常重要的，它可以指导人们收集和分析相关信息，从而得出结论。经过该流程得出的结论不会受个人需求和偏见的影响。《指挥官局势分析》经过了时间、重压和多变战场的考验。经过适当调整，它一定能够适用于商业经营，会为管理者提供清晰的计划，帮助他们得出合理的结论。

第十八章
战场——市场分析

大多数人认为战场就是“两方交战时的地理区域”。最著名的战场有滑铁卢、葛底斯堡、敦刻尔克，还有最近的科威特。而事实上，真正的战场位于一个狭小的空间内，还没有一个香瓜大。这个小空间方圆六英寸，位于两耳之间。在这里，脑神经经过激烈交战，战果是一个个地面战场的作战策略；在这里，深埋着恐惧；在这里，经历着战胜的欣喜和战败的痛苦。

在“沙漠风暴行动”中，盟军策划人员在实施最终攻击策略前，对萨达姆·侯赛因的心理状况进行了详尽的分析。他们逐一分析了萨达姆对各种行动计划的反应。**根据萨达姆的心理特征描述，他是一个极度自恋的人，为了保全自己的性命，可以完全不顾他人死活。除此之外，他非常多疑，完全无法信任自己的下属。这种性格特点导致了脆弱的垂直命令结构——所有命令都依赖于单一来源。**因此可以推断，就算巴格达和前线的通信被阻断，在没有萨达姆直接命令的情况下，抵抗力量也不会有所行动。简而

根据萨达姆的心理特征描述，他是一个极度自恋的人，为了保全自己的性命，可以完全不顾他人死活。除此之外，他非常多疑，完全无法信任自己的下属。这种性格特点导致了脆弱的垂直命令结构——所有命令都依赖于单一来源。

言之，切断通信就能使伊拉克庞大的作战力量瘫痪。

在商界，要想打赢市场战，就必须要了解消费者的心理。在公共广告手段如此发达的今天，只要企业肯出钱促销，就一定能吸引消费者的注意力。在这场市场份额的持续争斗中，无论企业规模大小，要在竞争中获胜，管理者首先要了解消费者的脑中在想什么。同时，管理者还要站在竞争者——“敌人”的位置思考，这样才能更好地“调兵遣将”，或是在风险过高时及时“撤兵”。

当今世界，全球化竞争如火如荼，不管是美国，还是其他国家的市场，都被跨国公司占领。本地企业早已失去了曾经高高在上的地位。例如，随便进入一个美国家庭的客厅，你就会发现里面陈设的物品来自世界各地。可想而知，竞争是多么激烈。很显然，企业亟须开始收集信息，探寻能够帮他们得出可靠结论的方法。

西点教授我们美军在规划阶段使用的方法，能够确保全面地收集和评估军事战场上的相关信息。该方法就是《情报局势分析》，收录在《FM 101 -5 号令》中。**《情报局势分析》对所有战场情况进行分析，包括敌人的军事力量、心理状态和作战意愿。**

《情报局势分析》对所有战场情况进行分析，包括敌人的军事力量、心理状态和作战意愿。

尽管现代战场不断引进高端科技手段，规划专家有矩阵模型和电脑模型的协助，而《情报局势分析》已是50年前的产物，但它在今天的实用性还是绝对不减当年。《情报局势分析》和《指挥官局势分析》的格式类似，它主要分析最可能和最不可能发生的各种情形，并且重复考虑一个问题——如果这种情况发生该怎么办。它既全面，又符合逻辑，能够收集、规划并分析重要情报，帮助指挥官选择最可行的行动方案。完整的《情报局势分析》格式见附录E。

情报局势分析

1. 任务。
2. 行动区域（战场）。
a. 气候。
b. 地形。
c. 其他特征。
3. 敌情。讨论敌情，分析敌军的优势和弱势。将敌军可能采取的具体行动方案加以提炼，判断他们采用每一个方案的可能性。
4. 敌军能力。根据以上信息和分析，列出敌军的各种能力（例如攻击、防御、运用核武器和化学武器的能力）。根据这些能力确定敌军可能采取的具体行动方案。
5. 结论。以上述信息和分析为基础，在考虑该区域的全面影响后得出结论。结论应包括：我军行动方案；敌军各种行动方案（包括他们将采取的行动方案）；如何对敌军弱点的负效用加以利用。根据上述情况，选择我军行动方案。

将《情报局势分析》的军事术语转换成合适的商业用语后，就形成了有利于企业管理者进行商业规划的商业分析格式。虽然**商业经营的首要任务是了解消费者需求，但企业管理者也须尽可能地摸清竞争者的状况，了解他们当前的行动方案，并预测他们将来的行动方案**。下面的分析内容可以根据不同的行业和需求进行调整。

商业经营的首要任务是了解消费者需求，但企业管理者也须尽可能地摸清竞争者的状况，了解他们当前的行动方案，并预测他们将来的行动方案。

市场分析

1. 目标。简要陈述预期目标。
2. 市场。
   a. 客观特点。描述市场的客观特点，包括地理位置、人口状况、消费者购买习惯、市场特性、潮流走向、季节性因素（如果有的话）、交通和生态因素等。讨论影响市场的其他因素，如政治、经济、进口限制和税收。
   b. 消费者。讨论目标消费者特征，包括购买习惯、心理、年龄、性别、社会和经济地位。
3. 竞争者。描述现有竞争者，包括其产品的质量和技术水平、市场份额、分销情况、销售力量、消费者忠诚度、声誉、厂房和分销店地点、媒体支持、财政状况、目标区域经营历史、产品发展状况、即将推出的产品预测、新品推出时间预测、企业缺点和弱点、厂房现代化状况、工会状况、战略习惯。讨论其管理方面的优、缺点。

4. 竞争者能力。列出竞争者特殊的竞争能力、可能的行动方案、新产品介绍、市场扩张、闪电促销、工厂和分销点重新选址、市场份额保卫策略。关于竞争者的各项能力，要回答“什么”“何时”“何地”“有何优点”等问题。列出对其预期能力的根据。指出何时、竞争者的何种能力不容易发挥效力，以及何时不可能发挥效力。
5. 结论。讨论市场对自身行动方案的影响；竞争者的所有行动方案以及最有可能实行的行动方案；能够加以利用的竞争者弱点。

上述分析仅仅是管理层决策的一个方法。市场是多元的，因此市场分析方法也必须是动态的，需要随着市场信息的变化而不断更新。

第十九章
消费者分析：终极目标

用军事眼光来看，商家与消费者之间的关系十分矛盾。一方面，消费者被商家视为要“团结的力量”；另一方面，却又被视为攻击的“目标”。商家不断采取各种战略战术赢得消费者的支持，组织各种促销和营销活动侵略竞争者的地盘。**军队运用特定的手段获取敌军的人文情报，商家也有自己的方法打探目标消费者的信息**。

军队运用特定的手段获取敌军的人文情报，商家也有自己的方法打探目标消费者的信息。

军队的人文情报是指：“士兵（也包括首领和部队）在战场中履行职责时表现出的整体心理状态、道德水准、生理意愿和能力。”从商业角度来看，消费者的“人文情报”则是指个人或集体特定的消费需求和购买习惯。消费需求随不同的文化和社会经济状况而改变。商家是否分析并试图满足这些需求，决定着他们能否成功销售出自己的产品。

在军队战略规划过程中，赢得战争地区的民心是一个非常重要的因素。这一点在入侵外国市场时尤为重要，因为当地的风土人情和背景可能完全不同。第十八章讲到的《情报局势分析》证明了军事模式是如何成功地运用到商业市场竞争的分析和结论中的。事实上，在针对消费者的情报收集、推理假设以及结论方面，军事模式也很有借鉴意义。企业可以借鉴该方法，对本国和外国消费者进行分析，并最终获得他们的青睐。

企业往往会忽略这样一个事实，在一个国家受欢迎的产品风格和销售技巧不一定适用于其他国家。他们在打入新市场时照搬原来的模式，却总是不明白为什么会失败。这种错误绝不仅仅存在于美国企业中。例如，有一家大型亚洲化妆品公司，请我们评估他们打入美国市场的策略。几年来，他们一直试图将产品打入美国市场，却始终没有成功。我们很快就发现了该公司失败的原因，他们完全没有考虑到美国消费者的产品偏好。在他们所有的促销宣传中，使用的都是亚洲模特儿。虽然这些模特儿都年轻靓丽，但是并不符合美国消费者的审美观念。

在将产品打入外国市场前，不彻底地分析和了解消费者，通常会导致企业损失惨重。大多数情况下，那些障碍和问题都可以通过提前、详细的分析预料到。下面是经过改良的《消费者分析》，企业管理者可以根据该格式详细分析消费者的特点和需求。

在将产品打入外国市场前，不彻底地分析和了解消费者，通常会导致企业损失惨重。

消费者分析

1. 目标。简要陈述预期目标。

2. 市场。描述市场的客观情况，包括地理位置、人口情况、影响消费的经济、社会、宗教因素，潮流趋势、季节性情况、竞争情况以及其他目标市场的特点和因素。
3. 消费者。进行消费者定位，分析消费者年龄、性别、心理状态、社会经济地位、可支配收入和自由支配收入、时尚倾向、购买习惯等。描述以下情况：谁消费，为谁消费，去哪里消费；便利的重要性；冲动购买和等待意愿；价格、条款和送货日程的影响；广告和促销的影响等。详细分析现有以及潜在的消费阻力。如果消费阻力来自宗教、意识形态或是社会原因，要详细阐述。
4. 行动方案。描述满足消费者需求的备用行动方案。从消费者的角度对这些方案逐一分析，分析企业生产和配送产品的能力。
5. 结论。以企业能力、市场和消费者的需求分析为基础，制订出能够有效满足消费者需求的行动方案。

真正的商战存在于消费者的大脑中。

记住：**真正的商战存在于消费者的大脑中**。要想在特定的市场实现成功，产品的设计和定位就要详尽、彻底地了解消费者的思维模式。

第二十章
后勤：兵马未动，粮草先行

二战时期，德国第一装甲师为了控制高加索地区的关键油田，决定深入苏联南部。但是由于汽油用尽，他们不得不停在半路上。无独有偶，当乔治·巴顿将军率领他的第三坦克军团追击一支撤退的德国军队时，突然发现自己的燃油不足，使得德军侥幸逃脱。东线的德军和西线的巴顿将军遇到的其实是同一个问题：补给线过长，无法及时得到支援。

从理论上来说，如果后勤人员能够有充足的时间和资源将后援及时送至前线，那么德军就能夺取高加索油田，而巴顿将军也能开着坦克轰隆隆地直达柏林了。

45 年后的“沙漠风暴行动”中所展现出来的后勤力量，无论是从规划上看，还是执行上看，都无懈可击。从来没有如此多的人员、装备和资源能够在如此短的时间内，跨越如此长的距离，被集合、运送到前线和急需地区。战斗打响后，直升机吊着补给站，将燃料不断输送给耗油量超高的坦克和飞机。这可以称得上是史无前例的壮举，对于其他军队和商业人士来说，都具有学习意义。

海湾战争期间，盟军意识到摧毁萨达姆·侯赛因后勤命脉的重要性，于是经过夜以继日的努力，他们终于将他的后勤线和空军支援中心全部瓦解。由于得不到及时的供给，并且无法和其他部队取得联系，大部分伊拉克军队就此一蹶不振，大规模投降。很显然，后勤保障是否有力，对于战争结果起着至关重要的作用。

后勤是一个庞大的系统，通信线路是这个系统中的一个必要方面。

就军事后勤保障而言，最关键的一点是要能及时地获得和调动装备、补给和人员。**后勤是一个庞大的系统，通信线路是这个系统中的一个必要方面**。有了四通八达的通信线路，前线和美国任何一家私人工厂都能够取得联系。但是，历史经验多次证明，无论后勤装备和武器多么精良，如果充足的燃料、弹药和必需的资源无法被运送到前线，整个系统就是无效的。

为了安全起见，在战争开始前，应该在战场附近设置供给站。除此之外，还要对影响后勤的所有资源和人员因素进行详细彻底的分析，以确保任务的顺利完成；对临时供应站和维修作业站点的选址进行规划；对物资的最初存货和补货时间进行推算；核对订货和发货日期，以确保及时、充足的供给；检查油箱油量是否充足，能否应对最坏的情况；在机动战场采取供给行动时，确保供给和战略部队同步行动，将通信线路尽可能缩短。

《后勤局势分析》和《指挥官局势分析》类似，主要用于协助指挥官的策划工作，确定供给和设备的安置及调动。这个方法用于分析可能影响战略行动方案的后勤因素。和其他分析格式一样，它简洁并符合逻辑，为指挥官分析和制订行动方案提供了全面的指导。下面是收录在《FM 101－5号令》中的《后勤局势分析》概要，详情见附录F。

后勤局势分析

1. 任务。后勤指挥官复述任务。

2. 局势。

a. 收集下列情报：影响后勤因素的地区特点、敌军力量及部署、敌军能力和后勤活动。

b. 战术情况，包括重要战术布置、可能的行动方案和行动计划。

c. 人员情况，包括目前的人员布置、与后勤相关的行政布置以及与后勤相关的人员开发情况。

d. 后勤情况，包括目前的设备维修能力、维修时间、补给能力、人力、设备和设施等等。

3. 分析。分析所有存在缺陷的后勤因素。对每个行动方案的分析结果都必须包括其对后勤和战术两方面的影响。

a. 区域补给情况。确定控制区域的战争资源补给是否充足？该区域是否存在敌军部队？该区域是否存在我军其他部队？各部队之间的界限是否改变？

b. 资源和服务。包括维修、供给、服务、交通、人力和设施等。

4. 比较。

a. 判断后勤缺陷，并列出在完成任务方面我军存在的优势和劣势。

b. 讨论各行动方案的优、缺点，包括弥补缺陷的方法以及对各行动方案的调整。

5. 总结。

a. 指出执行任务时能否获得支援。

b. 指出哪个行动方案最容易获得后勤支援。

c. 列出指挥官必须注意的后勤缺陷，以及关于如何弥补缺陷的具体建议。

商业上经常提到的“物流”类似于军事上的“后勤”。将仓库和供给站设置在“战场”附近，对于顺畅的商业销售和服务支持至关重要。

商业上经常提到的“物流”类似于军事上的“后勤”。将仓库和供给站设置在“战场”附近，对于顺畅的商业销售和服务支持至关重要。根据商业的性质，这就意味着将物流中心或仓库设置在消费者附近，这样才能根据消费者的需求定期为他们提供商品供应。和军队不同的是，企业以盈利为目的。很多人认为物流中心对销售额没有直接贡献，因此建立物流中心的成本是要经过仔细核算的。总而言之，企业必须对消费者需求做出及时的反应，空荡荡的货架不可能带来销售。

计算机化的库存系统已经发展成为一门单独的学科，

它不仅帮助企业管理者将库存成本减到最小，还能保证现有存货的持续充足。输入准确的数据后，计算机程序便会根据未来的需求进行合理推算。尽管拥有尖端技术，很多企业还是无法做到以最小的运输成本将产品及时运送至需要的地方。

我们曾经接待过一个外国客户。考虑到他们是第一次进入美国市场，我们根据《后勤局势分析》格式为他们“量身定做”出一份计划书。他们在本国生产了一系列产品，但是苦于不了解美国的物流配送体系而不敢轻举妄动。这个外国企业不仅对美国文化一无所知，还拥有自己独特的经营方式。考虑到这两点，我们对外国公司进入美国市场时须考虑的可行性、成本和利润因素进行了全面的分析。

物流分析

1. 陈述目标。
2. 局势分析。

a. 列出从各国出境港口到美国入境港口的距离和所需时间，以及到目标市场的相对距离。指出港口设施的及时性和成本，是否需要经过海关和FDA（美国食品及药物管理局）检验。

b. 列出美国最具潜力的物流点。指出物流点到市场的距离，交通是否便利，以及相关费用。

c. 讨论仓库的大小及费用问题，包括人力、成本、州级及当地税收。

d. 讨论销售方法，包括经销商代表机构和企业销售力量。

3. 分析。对所有能够表明利润、问题和缺陷的因素进行分析，包括入境港口、物流中心以及分销和销售方法。

4. 比较。比较上面的分析中考虑到的所有因素的优、劣势。

5. 结论。

a. 指出是否可以经济实惠地实现目标。

b. 列出所有决策者须注意的物流问题，并提供解决这些问题的具体方法。

c. 指出哪个（或哪些）入境港口、仓库选址、分销和销售方法最符合要求。要考虑到时间、成本、经济和便利等因素。

经过分析后，我们为他们提供了多方面的建议，包括合适的入境港口；交通便利、利于产品送达的物流中心；人力资源、分销和销售网络；满足消费者需求且符合政府规章制度的方法，等等。我们还对各领域需要的花销进行了预估。例如，从最开始我们就认定航空货运开销过大，不应该予以考虑。此外，我们还对所有因素的建设或实施到位所需的时间进行计算，这样做是为了在经营和销售活动开展前确保充足的存货。在市场附近储存大量的货源，不仅能够确保销售环境乐观时提供充足的产品，还为补给、运输时间提供了安全保障。

商业扩展从很大程度上说，类似于军事上的入侵敌军领土。**运用上述后勤分析方法，我们就能够对所有可能影响商品从厂房到消费者之间及时、顺畅流动的因素进行分析**。对于很多初次进入国外市场的供应商来说，机会通常只有一次——不成功便成仁。如果不能及时地供应产品，便会错失良机。到了这个地步，再精明的商人也无计可施——就像巴顿将军的坦克部队，在燃油不足的情况下，除了陷在泥里等待救援之外，什么也做不了。

运用上述后勤分析方法，我们就能够对所有可能影响商品从厂房到消费者之间及时、顺畅流动的因素进行分析。

第二十一章
行动规划：由此及彼的成功路线图

1990年秋天，鲍勃·伍德沃德在《指挥官》中写道：“（沙漠风暴行动）地面作战的主要计划是由利文沃斯堡军队指挥与参谋学院的几个下级军官负责起草的。这些被称为‘绝地武士’的年轻少校和中校们被送往沙特阿拉伯，负责将先进的机动作战方法——敦促、夹击、突袭、主动出击和大胆作战应用到战争策划中。他们被送往施瓦茨科普夫总部的一个绝密地区，以美军200多页的《通用军事行动手册》为参考，进行战略策划。《手册》中第6章和第7章关于攻击行动的内容是以1863年内战时期，维克斯堡战役中格兰特将军的战略思想为基础发展而来的。当时，格兰特将军没有正面攻击敌人的防御工事，而是派自己的部队沿南方前线广泛迂回，从侧面和后面攻击敌军。负责‘沙漠风暴行动’策划的军官们认为这种迂回战略是打败萨达姆的最好方法。”战争结果不言自明。

在军队学到的各种技能中，规划是最容易转化到商业领域中的。

在军队学到的各种技能中，规划是最容易转化到商业领域中的。一旦熟悉了商业环境，便可以运用自如。经过特殊训练的西点毕业生们，头脑中时刻思索着该如何策划和部署。

在之前的章节中我们已经讲到，在规划阶段，军队必须考虑所有可能影响任务的相关情报，并反复思量“如果这种情况发生该怎么办”，以便推测所有可能的敌情和局势。其实，战略规划图就像是地图，可以用来确定现有位置、将来目标，并提供有利于实现目标的行动方案及方法。简而言之，规划就是行动的方案或方法。

在科技高度发展的今天，军队的规划标准从本质上来说，与企业（包括各种规模的企业）有着很大的相关性。《FM 101 -5 号令》中提到，良好的规划应该：

1. 有利于完成任务。这也是规划的最终目的。
2. 基于事实和合理推测。应考虑所有相关数据的准确性，并将推测数量减到最小。
3. 能够充分利用现有资源。资源包括组织内部的现有资源和来自上级部门的资源。
4. 能够为必要组织提供信息。必须清晰地指出各相关部门及其责任，全程为预期行动提供人员、资源及其他安排。
5. 有利于权力下放。最大限度地分配权力，同时给予一定控制。
6. 有利于直接交流，执行过程中各级都能相互协调。
7. 简单。简化必要信息，消除不必要信息。良好的计划通常能够将误会的可能性降到最低。

8. 灵活。为不同的行动情况留有一定的调整空间，并且在必要时提供备用的行动方案。
9. 协调。计划的所有要素都能相得益彰，对所有因素的控制手段完整、易懂、相辅相成。

军队将上述标准作为基本指导，发展出一个逻辑分明的规划过程，即《规划程序》。它能够帮助指挥官和参谋人员制订出及时的计划，并且全面收集和分析有利于决策的事实和推测。《规划程序》中的步骤大多是普通常识。然而，**企业管理者在进行商业规划时，通常都会忽略这些常识，并且毫无逻辑可言**。《规划程序》收录在《参谋组织与操作》中，帮助企业探索合适的规划方法，内容如下：

企业管理者在进行商业规划时，通常都会忽略这些常识，并且毫无逻辑可言。

规划程序

1. 预测可能的需求。预测是通过对事实和趋势的分析和评估确定可能的需求，目的是为了预测将会发生的情况。
2. 研究可能的需求，为将来的准备工作确立优先顺序。分析预测的需求和推测，确定其发生的可能性，以便在以后的规划和准备工作中确立优先顺序。

3. 研究可能需求的含义和内在关系，设定任务。
4. 分析任务。确定具体行动、行动的复杂性和相对重要性。
5. 制定具体行动的指导方针。指导方针能够确保所有规划进度和工作目标相一致。
6. 准备规划研究。规划研究可以确定任务的关键因素，并且不断挖掘这些因素的细节。
7. 选择行动方案。初步规划应保留所有的行动方案，因为规划程序的目标就是要为应对所有合理的偶然事件做好准备。选择行动方案并不意味着仅选择一个方案，有时可能会保留几个可行的方案，以应对可能的突发事件。
8. 准备完整规划。初步规划只是一个基本框架，完整的规划还需要添加各种必要的细节。这些具体细节可能来源于对问题的初步估测和研究，也可能来源于规划过程中开展的新研究。
9. 演练。在时间、资源和安全允许的情况下进行演练，有利于及时取消、修改或是补充规划。

关于如何规划当前处境和未来目标之间的时间和距离，西点教给我们两种方法。一种方法叫反向规划法，意思是从终点出发，反向规划。这种规划方法要有一个具体的完成日期，即最后期限。将整个任务分成一系列阶段性小任务，在最后期限到来之前逐一完成它们。

在没有时间限制，并且每个事件都以完成前一事件为前提时，可以使用另一种方法。这种方法是以当前的处境为起点，按照一定的逻辑顺序向前发展，到达各中间点，直至完成最终目标。

两种方法都可以用来制订行动方案，辨别情况，以确保最终完成任务。基本上，规划人要时刻注意解读未来可能发生的情况。就像第二十二章中讲到的，要经过深思熟虑才能做出推测。这一点对于准确、详细的最终计划是非常重要的。

书面规划应该简洁明了，仅仅涉及任务的必要因素。讨论不相关的因素会增加误解的可能性或引起困惑。战场就像是棋盘，棋子不可能永远固定不动。因此，规划也要根据情况的改变而不断更新。

军队的《行动规划》和企业的《商业规划》类似。《FM 101－5 号令》中描述道："在行动规划时，要考虑到大量空间和时间因素，通常要以推测为基础。规划可能仅包含一个行动，也可能需要同时完成一系列行动或是需要接连完成一系列行动。"最重要的一点是《行动规划》中考虑的这些问题，决定着最终任务能否取得成功。《FM 101－5 号令》还指出："《行动规划》可能会在指定时间生效，或是在接到特殊的信号后生效，一旦生效就会变成正式的行动命令。"《行动规划》的全部内容见附录 G。

行动规划

1. 局势

全局信息，对指挥官下属了解当前局势至关重要。

a. 敌军力量。包括敌军的组成、部署、地点、行动、优势估测和伤亡情况。

b. 我军力量。包括我军的信息。

c. 附属部队和分遣部队。

d. 推测。包括行动规划正式生效并成为行动命令后，指挥官认为可能存在的各种局势（情况）。

2. 任务

3. 执行

a. 行动概念。指挥官对整个行动执行从头至尾的可视化分析——选定的行动方案是如何执行的。

b. 具体行动的完成。包括战略任务的执行。

4. 服务支持

关于战场服务支持的命令以及对部队和编队重要支持行动的安排。

5. 命令和信号

对命令和通信电子行动的指示。

商业规划和行动规划在存在理由上有一定的差异，这是因为商业活动是收益指向型，而军事活动是任务指向型。因此，商业规划更关注金融数据。商业规划中的信息应包括管理措施和充足的决策手段。

刚刚进入商业世界时，我们接到的第一个重要任务就是帮助新建企业筹措资金。当时，我们跑遍了图书馆和书店的商业书籍专区，希望能够找到一个有用的商业规划格式，但是一无所获。于是我们只好以军队五段式的《行动规划》为基础，自己开发商业规划格式。这么多年过去了，我们制订出各种类型和规模的企业商业规划书至少上百份，参照的还是当初那个最基本的规划格式。

这些商业规划能够筹措资金，保证财政贷款。最重要的是，它们为企业提供了管理方法，为实现最终的目标描绘出蓝图。长篇大论的规划通常会跑题，忽略重点。因此，我们设计的商业规划格式简单明了、突出重点。一个规划是否有效，不能仅用是否盈利来衡量。管理层逐渐发现，最明智的做法是制订两个不同的规划：一个用于企业内部的行动决策；另一个用于潜在的投资者和银行信贷人员。

为遵循简洁原则，用于筹措资金的规划绝不能充斥大量不必要的信息。**你提供的信息越多，投资者就越容易发现破绽，从而否决你的提案**。一定要在信息量上把握好尺度。很多人认为商业规划越详细越好，事实并非如此。能达到筹措资金的目的才是最好的。**如果餐巾纸大小的提案就能打动投资者的话，那么再多一句都是废话，没准还会使整个交易告吹**。无论采取何种沟通方式，商业规划必须

如果餐巾纸大小的提案就能打动投资者的话，那么再多一句都是废话，没准还会使整个交易告吹。

要能证明提案的合理性和可行性。

下面是我们几年前帮助一个新建公司融资时使用的规划格式。这个规划格式时至今日仍然具有参考价值。它适用于大多数商业规划，不同行业可以根据自己的需求调整内容。商业规划和军事规划的差异主要体现在第 7 点上，通过财务预测描绘企业的赢利能力——这一点和军事完全不相关。更加详细的内容见附录 H。

商业规划

1. 行政概要

简洁介绍：

- 规划目的。
- 注册日期和地点。
- 创办人及股东姓名。
- 从商业构想到企业成形的发展史。
- 总结企业过去五年的财政史，须提供可靠数据。
- 现有及拟议的业务。
- 总结现有市场，包括市场潜力、竞争力、现有技术水平、市场需求、成本和价格、销售和分销手段、生产技术和方式、包装、广告和促销状况。
- 专利及其他产品的保护措施。

- 能够说明企业投资理念的关键点。
- 融资后的资本总额和预算。
- 需要的资金数和提议的融资条款。

2. 管理

- 组织结构图。
- 主要管理者的简历。
- 简单介绍每位主管的职能，各自的年薪和分红。

3. 产品介绍

包括产品型号、重量、形状、质量、生产成本、价格、工艺水平、服务支持、便利性、持久性、所有权和专利。

4. 产品研发

详细介绍为更新或开发生产线而实施的研发项目、扩建产品库的计划、研发项目对销售的财政影响、收益和资金流动。

5. 制造

描述制造过程、现有和拟议的制造能力、现有生产水平。

6. 市场策略

详细介绍短期和长期目标、客户概况、分销情况、销售力量、包装、仓库、服务、交通、产品推销、促销及广告、销售条款和销售情况以及其他相关信息。

7. 财政史

简要描述资产负债表、损益表，以及过去五年资金的来源和使用情况。

8. 预计财务报表

- 详细描述前提和设想。
- 五年内的预测负债表。
- 五年内的预测资金流动报表，第一年以月度或季度为单位的预测表。
- 收支相抵分析。

企业需要将源于军事行动且高度发达的规划技巧运用到规划中，才能得到精确、敏锐的规划。就像军事策略家一样，**商业规划人员也应该探索最可行的规划方式，以最少的人员和资源代价换取最大的胜利**。成功的规划是一门真正的艺术，就像吉尔·多兰德和约翰·范德沃尔在1978年出版的《商业智慧》一书中所说："策略家是富有创造力的思想者，他们就像画家一样，以人力和资金为颜料，商机为画布，将所有元素结合起来的盈利手段为画笔，将复杂的商业结构展现在人们面前。"

商业规划人员也应该探索最可行的规划方式，以最少的人员和资源代价换取最大的胜利。

第二十二章
培养推测力：一念之差，胜负相差千里

1953 年年底，法国军队低估了越南奠边府[①]同盟军的决心与坚韧，因此，当炮火如雨点般从山坡上倾盆落入位于山谷的战壕时，法国士兵根本猝不及防。越南民兵将火炮拆开，背在身上，穿越浓密的雨林，到达高处的山坡上，将火炮重新组装好，做出了明智的决定。法国军队之所以失败是由于他们**忽略了探索敌人心理的重要性，没有站在对手的角度思考问题**。十年之后，美军在和北越的战争中又重蹈覆辙。

企业也常常忽视换位思考的重要性。他们只专注于自身情况，却完全不清楚竞争者的想法，直到醒悟时才发现为时已晚。

企业也常常忽视换位思考的重要性。他们只专注于自身情况，却完全不清楚竞争者的想法，直到醒悟时才发现为时已晚。

当我们接待新客户时，总要询问很多关于竞争者的问题。竞争者是谁？市场份额是多少？产品的技术水平如何？分销和销售的手段有哪些？管理水平如何？等等。这些常

① 越南城市。

识性问题能够帮我们了解到企业竞争者的水平和能力，作为日后推测的基础。虽然有关企业竞争者的意图或长期计划的问题确实很难回答，但是我们能够运用各种情报收集技巧做出合理的推测。

有关预测对手动向的方法，企业可以向军队学习。由于军事上没有类似商业中“消费者”这一概念，所以我们在这里仅讨论针对敌人或竞争者的推测。但是这并不代表关于消费者和其他要素的推测就不重要。实际上，在规划商业战争时，消费者是需要首先考虑的因素。

我们在西点时学到，“军事推测是：对当前或未来局势的猜测。在缺少事实证据的情况下，可以做出推测，并通过推测来了解局势。”在战争规划时，推测的准确性至关重要。一念之差可能意味着战争胜利与失败的天壤之别，甚至还意味着年轻的战士要付出生命的代价。

美军《参谋组织与行动手册》中提到，有效推测“可以替代与问题直接相关的事实。有效推测必须合乎情理，有正当理由。有效推测充分阐述了得出确切结论之前必须满足的条件。如果推测是无效的，那么问题的解决方案也一定是无效的”。《手册》中还提到，必要的推测“对问题的解决方案至关重要：要考虑推测对问题解决方案是否绝对必要。如果答案是否定的，那么推测就应该被排除。然而，推测过多反而会偏离正确的轨道。因此，在必要时应设定相关限制”。

虽然人们总是批评军队缺乏创造力，但是在打探敌军情报方面，美军总是能够利用有限的时间发挥出最大的潜能。例如，军队收集情报的方式包括询问行动区域当地百姓、监控无线电信号和通信、高空雷达监测、物资和供给来源调查、回顾敌军作战历史等等，不一而足。

尽管收集来的情报在质量上可能良莠不齐，或是无法得到确认，但仍然可以用来分析战争总体规划的有效性和相关性。情报分析结果对于推测敌人能力和选择行动方案来说非常关键。此外，将情报分析结果进一步与有效的事实相结合，可以运用到决策程序中，例如第十七章讲到的《情报局势分析》。

在商业决策程序中，推测也起着至关重要的作用，甚至可以说是最重要的考虑因素。

在商业决策程序中，推测也起着至关重要的作用，甚至可以说是最重要的考虑因素。财政预测的关键是销售预测。销售预测需要以一系列影响消费者需求的信息为基础，包括竞争价格、产品质量、可用性、服务支持和技术水平。根据无效情报做出的推测可能会对结果产生很大的影响。就像军队不能打无准备之仗一样，企业也不能在衡量竞争者优缺点之前就贸然闯入市场。

在研发中的竞争产品通常是要经过严格保密的。大多数情况下，在正式登陆市场前，企业不能透露任何产品信息。因此，企业一定要站在竞争者的角度进行推测，考虑什么、何时、何地、有何优势等问题。根据结论，推测对于决策具有一定的指导作用，例如企业能够通过推测决定是否应该立即清空库存或及时从市场撤出。

商业也有很多获取情报的方法。定量市场调研能够提供大量数据，包括消费者、市场和讨论中产品的适销性等信息。这种调研方法通常有一个特定的地理范围，可以为管理者提供拥有相似人口状况地区的消费者反应。经过合理准备和实施的定量调研能够为推测消费者和市场提供非常有价值的信息。然而，定量调研的缺陷在于无法彻底分析消费者能力、可行的行动方案和长期目标。相比较而言，定性研究注重听取消费者关于是否应该推出某种产品的意见，但是定性调研无法提供关于竞争者竞争意愿的信息。

以下是根据军队敌情推测程序发展而来的一些指导方针，企业在处理竞争问题时可以遵循以下逻辑顺序：

1. 尽可能多地收集和检验相关事实。在搜集情报来源时要充分发挥想象力，验证收集到的事实的真伪。
2. 尽可能多地收集和检验关于竞争者意图的有效信息。排除和问题没有直接关系的信息。
3. 用推测来弥补事实的空缺。站在竞争者的角度思考。如果是外国竞争者，可以向了解当地文化或有当地经营经验的人士咨询。
4. 当推测逐渐演变为事实时，需要根据新的情报进行新的推测。商业规划要随着竞争者的能力和行动方案的不断改变而更新。

企业管理者应向军队学习，不断验证推测的有效性，在适当的时候站在竞争者的角度看问题，探索对解决问题至关重要的推测。正所谓“**推测越多，问题越少**”。

“推测越多，问题越少”。

第二十三章 用百分之十的精力下命令，百分之九十的努力执行命令

美国内战时期，据说罗伯特·李将军为了确保下属能够明白自己的命令，在每次下达命令前，他都会交给守卫自己帐篷的士兵通读，然后反复修改，直到士兵能够完全理解。

作战命令必须清楚、详细和易懂。在西点的军事艺术课上，我们曾听到历史上无数因为错误理解命令而导致全军覆没的事例。**含糊不清的作战命令会引发何种后果并不难想象。**

军事上对命令的定义是："以书面的、口头的或信号的方式由上级传达给下属的指示。"商业上通常用"指示"或"指导"来代替，因为"命令"可能略显粗暴。一般来说，军事命令比商业指示更直接。**西点军校强调："用百分之十的精力下命令，百分之九十的努力执行命令。"**

西点军校强调："用百分之十的精力下命令，百分之九十的努力执行命令。"

军事命令的特点在于，下属在执行命令前可以做出自

己的判断。纽伦堡和美莱村事件[①]证明了“上级的命令”不能作为不道德行径的借口。西点极力主张拒绝接受违背伦理道德的命令：**“盲目服从”绝不能成为正当理由**。

“盲目服从”绝不能成为正当理由。

军队为了将误解命令的可能性降到最低，特别制定了相关指导方针。不管以何种方式传达，命令的内容都应该清晰，便于组织内部的所有人员——从最高级军官到最低级的士兵都准确理解。军队的《参谋组织与行动手册》清晰地指出了标准作战命令的特点——这些特点也是良好的商业指示应该具备的。

1. 清晰。命令必须能够被人完全理解。
2. 完整。命令必须包括协调和执行行动的所有信息和必要指示；命令必须传达指挥官的目的或意图，使下属在没有进一步指示的情况下也能完成使命；命令必须包括充分详细的信息，使下属了解其他部队正在执行的使命。
3. 简洁。命令必须避免不必要的细节，但也不能因为过分追求简洁而不清晰或不完整。
4. 赋予下属一定特权。指挥官对于执行命令的要求不应过于具体细致，以免影响下属的主动性。只有在特殊情况下，例如行动要求极其密切的合作或精确

① 这两个事件分别为：纽伦堡审判和美莱村惨案。纽伦堡审判指的是 1945 年 11 月 21 日至 1946 年 10 月 1 日期间，由第二次世界大战战胜国对欧洲轴心国的军事、政治和经济领袖进行数十次军事审判。由于审判主要在德国纽伦堡进行，故总称为纽伦堡审判。美莱村惨案，又称美莱村屠杀，发生在 1969 年，在一个名叫美莱村的偏僻小村庄，美军士兵有组织地杀害了 504 名越南妇女、儿童和老人。

时间时，指挥官才可以详细、精确地告诉下属如何完成使命。

5. 用肯定式。为了保证简洁和清晰，所有作战使命都应该用肯定式来表达，命令中应避免“不要”这个词语。
6. 避免限定性指示。如果命令中使用类似“发起猛烈攻击”的词汇，并且后面没有限定性副词的话，就会削弱命令的强制力；类似“试着坚持”“尽可能远”的词汇会削弱命令的责任感。
7. 用威严的表达方式。命令可以反映出指挥官的意图和意志。犹豫、含糊或带歧义的语言可能透露出指挥官决断力的缺乏，从而导致下属将信将疑，缺乏自信。因此，指挥官应该用直接和准确无误的语言明确告诉下属应该做什么。
8. 及时。及时下达命令可以使下属拥有充足的时间进行规划和准备，节省同步规划的时间。

军队用于下达命令的格式和第二十一章讲到的《行动规划》的格式类似。格式分为五段，逻辑性强、内容全面，是军队进行准备工作和发布命令的基础。

行动规划

1. 局势。全局信息，对指挥官下属了解当前局势至关重要。

2. 使命。清晰、简洁地描述要完成的使命和目的。
3. 执行。阐述行动概念，列出命令所包含的具体行动。
4. 服务支持。描述战场服务支持的相关指示，以及对部队和编队至关重要的支持行动安排。
5. 命令和信号。对命令和通信电子行动的指示。

企业发布指示的形式多种多样，从办公室备忘录到公告板，不一而足。有时企业传达信息的方式颇具想象力。例如，在好莱坞的一个大型片场，一个执行导演停车时，发现他专属车位上的名字被擦掉了，于是他明白自己被解雇了。事实上，很多企业让电话修理工传达解雇通知，之前毫不知情的员工突然听到自己被解雇的消息感到大为惊讶。虽然这种做法有些不近人情，但是员工不会因为老板的吞吞吐吐而曲解意思。的确，商业指示总是含糊不清，从而导致员工协调不力，表现糟糕。

标准操作规程，也叫SOP①，是军队用来规避歧义的方法。SOP的定义是："能够体现行动特征的指示。为行动确定了范围和标准，可以提高效率。"在实际操作中，SOP将命令简化为最核心的内容，为指挥官及其下属节省了时间和精力，使他们可以集中于主要目标，无须为常规程序浪费时间。我们将在下一章详细介绍SOP。

---

① 标准操作规程（Standing Operating Procedures）的首字母缩写。

在前面的全书介绍中，我们提到肯尼迪总统因政府官僚忽视自己的指示而向克里夫顿将军诉苦。其实，很多企业领导也被这个问题困扰着。在企业中，任务无法在规定期限内完成，已经变成一种普遍现象，这是由于企业管理人员内部处理事情的优先程度不同造成的。即使管理人员步调一致了，后续工作又总会出现问题。

乔治·巴顿将军是出了名的残酷“监工”，因为他坚持跟进命令的执行情况。他主张：**“用百分之十的精力下命令，然后用百分之九十的努力确保命令合理、有力地执行。”**他坚信：“知己才能有所期。”

用百分之十的精力下命令，然后用百分之九十的努力确保命令合理、有力地执行。

为了确保下属在接到命令时做到不觉突然，西点教授了我们一个军事技巧：在下达正式命令前提前发出预告。这就是“预警令”。“预警令”通常很简单，有口头和书面两种形式。

这个技巧无疑也可以运用到商业中：提前告知员工上级将会在某时传达关于某个问题的指示。这种预告可以使员工随时警觉，留心正式指示的下发，并且自行做好初步的调查和准备工作。“预警令”还为员工预留出时间，清理日程安排，以便在指示下达后及时投入工作。这种“提前预警”也可以减少未知情况带来的诸多不便，取而代之的是顺畅的执行、高昂的士气和对指示的重视。预警令对于任何组织及其员工都是有益的，因为员工能够得到提前预警，而企业也可以提前告知对员工的期望和要求。附录I是预警令的详细内容。

第二十四章
重复流程，减少混乱
——标准操作规程（SOP）如何强化企业执行力

从成为西点学员的第一天起，我们就开始接触 SOP 了。我们发现“做所有动作都先出左脚”就是最简单、最典型的 SOP。从那时起，SOP 就变成了我们的生活方式：早上几点起床，晚上几点就寝，怎样吃饭、喝水，怎样从 A 点到 B 点，一切都要遵循标准操作规程。

SOP **是统一的书面指示，是所有常规任务的标准流程，小到如何填写表格，大到如何策划全面战术行动**。

SOP 是统一的书面指示，是所有常规任务的标准流程，小到如何填写表格，大到如何策划全面战术行动。

SOP 由各级领导制定和传达，具有命令一样的约束力。有些 SOP 正式且详细，而有些 SOP 简单、基本。例如附录 K 中罗伯特·罗杰斯少校于 1759 年制定的 SOP，内容通俗易懂，包括“不要忘记任何事情”和“永远不要冒不必要的险”。

与其他军事文件类似，SOP 简洁、符合逻辑。但是，和其他文件不同的是，SOP 的格式可以根据主题、范围和细节的不同要求而改变。附录 J 是 SOP 的完整格式。典型的SOP应包括：

1. 关于较早或相关文件的参考（如果有的话）。
2. 目的叙述。
3. 标准流程的约束对象。
4. 关于组织内协调工作的指示。
5. 简洁介绍流程的实施顺序。适当的情况下，可以解释原理。

不管员工多么忠诚可靠，完全依赖于某个人的做法，对企业来说是很危险的。对单一专业技术的依赖可能为企业带来经营危害，而缺乏正式的书面流程也会将企业置于一种危险境地，任员工为所欲为。

企业中的很多职能，特别是行政职能，都要遵循标准流程。然而，在绝大多数情况下，企业中不仅没有书面的流程规定，了解操作程序的人员更是寥寥无几。因此，当负责特定工作的某个职员离开时，工作不得不戛然而止，直到他回来才能继续。这种现象也误导了很多管理者，使他们认为有些员工是不可或缺的。**不管员工多么忠诚可靠，完全依赖于某个人的做法，对企业来说是很危险的。对单一专业技术的依赖可能为企业带来经营危害，而缺乏正式的书面流程也会将企业置于一种危险境地，任员工为所欲为。**因此，书面化的流程和经过训练的备用人才是企业所有关键领域必须具备的。

此外，每个人对例行工作都有自己的处理方法，由此导致个人“封地”的不断扩大也是大型企业承担不起的风险。因为这种做法会滋生一种负面情绪，影响整个企业的工作效率。书面SOP的落实能够在企业中建立统一性和整体性。它不仅能提高员工遵守内部和外部流程的意识，还可以在避免大量重复培训的情况下，实现企业内部的人员调动。

制定 SOP 有很多种不同的方法。我们从商业视角出发，以军事格式为基础，将最佳的军事和商业理念相结合，制定了一个书面的企业规程文件。文件中的政策是指对企业目标的概述，规程是指完成目标的时间顺序和步骤。企业的规程文件最好以活页的方式保存，便于修改、更新、分组和分类。企业管理者应该参与规程的制定工作，并核准流程最终版本，以便了解员工的职责。企业管理者还须根据经营手段的不断改进和员工提出的建议，对规程进行定期审核和修改。

政策与规程

发布日期

生效日期

题目序号

主题：人事监督管理

题目：纠正措施

政策：任何损害到企业利益的员工都可能受到警告、留职察看或开除的处分。纠正措施的程度和方式由员工的领导依据企业政策决定。纠正措施必须在企业内由上至下贯彻执行。

规程：如果员工实施了重大失职行为，可能会被立即开除。除此之外，其他任何不当行为的纠正措施都包括三个渐进的步骤。通常员工因恶劣表现被开除前都会收到至少两次警告。

1. 纠正警告。纠正警告分为口头和书面两种形式，建议使用书面形式。在将书面警告备份后应送到人事部门，放入员工的个人档案。不管警告是书面还是口头形式，主管都应和员工私下谈话，谈话内容包括：

a. 对员工的要求是什么？为什么这样要求？

b. 员工没有达到哪些要求？为什么员工的表现令人不满？

c. 有必要进行哪些纠正措施？

2. 留职察看警告。留职察看警告必须以书面形式发放。对于情节严重的违规行为，步骤1和步骤2可以同时执行。留职察看需要有确定的期限，但是对留职察看期限的延长或缩短没有特定标准，视员工日后的表现而定。留职察看警告经过备份后须送至人事部门。主管须与该员工私下交谈，谈论内容同上；主管还须明确告知员工屡教不改有可能受到开除处分。

3. 开除。在通知员工被开除之前，员工的主管和直接主管应准备一份书面的情况总结，并与人事经理核对所有事实。所有文件的副本都应存入员工的个人档案。当需要支付解雇金时，主管须与人事部门主管商议，根据公司现行政策确定合理的金额。

书面SOP拨开了企业内部各种职能的重重迷雾，使企业管理者不必将时间浪费在指导重复性事务上。**形式得当、细节合理的SOP能够为提高企业的整体效率做出巨大贡献。**

形式得当、细节合理的SOP能够为提高企业的整体效率做出巨大贡献。

第二十五章
最简原则——公文也不例外

军队的写作风格一向以“简单粗暴”著称，这与军队一贯追求文字的清楚和简洁不无关系。军事信件通常避免使用形容词或是极富个人色彩的词汇，多以通俗易懂的简单词汇表达。军事信函通常都是开宗明义，直奔主题。虽然商业上通常不采用这种风格，但军事写作风格的确可以大大减少误解的可能性，不会让人对意图和内容产生疑问。有意思的是，近些年来，越来越多的人开始欣赏这种写作风格的震撼力和文学价值——格兰特将军的回忆录就是这种经久不衰的美式军事写作风格的典范。

描述主题一写出重点一总结。

我们在西点的第一年就学会了基本的写作格式：**描述主题一写出重点一总结**。这种格式为我们将来的各种写作打下了基础，无论是课堂作业，还是后来成为军官后编辑和撰写的各种信件和命令。

下命令是军队的专长。巴顿将军主张：“用百分之十的精力下命令。”军队会将这“百分之十的精力”发挥到极致。不仅要确保命令的准确性，还要确保下属能够完全理解，尤其是在生死攸关的时刻。确保命令被所有人理解的最佳方法就是遵循“最简原则”。

“最简原则”由来已久，几乎已经变成了陈词滥调。但无论是在军事写作还是其他写作时，“最简原则”的优点都不容否认。军队根据“最简原则”制定了关于书面交流的标准，为士兵们提供指导。这些标准十分简单、重点突出，适用于撰写书面文件，收录在《常规任务手册》中。明确提出写作应该：

1. 以清楚、简洁的中心思想作为开始，然后叙述分论点……有效的写作可以让读者通过快速阅读就能抓住重点，并且不会出现语法、写作技巧和用法错误。
2. 结构紧凑，各段落间有明确的连接词，顺序合理。必要时可以添加附录。
3. 在适当时用第一人称、主动语态清晰表达。
4. 保持简洁，少用术语。
5. 严格遵守美式英语的语法和拼写，标点符号的使用要正确。

除了上述五个基本写作标准外，《FM 101－5 号令》中对写作程序也有相关指导。虽然这些指导只是常识，但是几乎所有人在写作时都会忽略这些常识。对于大多数人来说，不管教育背景如何，写作都是个艰难的过程。

1. 整体。坚持一个主题。
2. 准确。核实事实，避免技术错误。
3. 清楚。保持简洁明了。
4. 简洁。使用简单的词汇和简短的语句，避免使用不必要的词汇和题材。
5. 连贯。按照一定的逻辑顺序安排文章。
6. 客观。观点要公正客观。

虽然这六个重点看起来像初级商业写作课教授的内容，但是企业经理甚至高管在撰写商业文件时都应该把这六个重点牢记于心。本该用于传达重要信息的商业信件和办公室备忘录总是让人觉得不知所云。商业文件中的措辞和语句表达不当会使表达的意思含糊不清，引起大量不必要的问题，进而对员工的绩效、协调工作和工作热情产生消极影响。在写作时，字数多不代表质量高，也不能确保读者的理解。恰恰相反，在很多时候都是字数越少，内容便越精确。

很多商业和军事领袖对书面文件要求都极其严格，有些人**拒绝阅读超过一页的书面文件**。陆军中将格斯·帕格尼斯，是“沙漠风暴行动”中负责调度人员、物资和装备的指挥官（史上最复杂的后勤任务之一），他要求下属用三英寸乘以五英寸的卡片和他交流。**如果下属的请求或是想法不能浓缩到一张小卡片上，就说明他们考虑得不够彻底**。

如果下属的请求或是想法不能浓缩到一张小卡片上，就说明他们考虑得不够彻底。

关于写作，《常规任务手册》中提供了步骤。这些常识性思想对于商业同样适用。我们建议运用到商业时，将第一步改为“确定写作对象”，其余步骤不用更改。可以根据不同的读者需求对语言进行相应的调整。内容如下：

写作步骤

1. 确定写作目的。
2. 确定适当的写作格式和类型。
3. 列出提纲、中心思想和分论点。
4. 撰写草稿。

a. 吸引读者的注意力。

b. 清楚快速地叙述中心思想和分论点。

c. 在文章主体部分论述主要论据，详细论据资料可作为附录。

d. 保证从头至尾流畅地衔接。

5. 以读者的角度通读草稿……找出任何可能引起困惑、含糊不清或跑题的地方；让同伴阅读草稿，重复上述程序。
6. 按照“清楚”原则重读并修改草稿……在必要时使用主动语态和第二（第三）人称叙述。使用你熟悉的、普通的、准确的词汇，避免使用术语、不必要的长句和晦涩的缩写。

7. 按照“紧凑”原则重读并修改草稿。确定在文章开始就陈述了目的或中心思想（你的具体建议、发现或结论）。确定在各段落或是各标题部分清楚、逻辑地陈述了分论点。如有必要，可以附上一至两页的摘要、基本文件或额外论据。
8. 对文章内容和格式进行校对，检查用法、语法、拼写和标点。

在撰写商业文件时，大多数作者都会错误地认为，无论他们文章写得如何，读者都能明白他们的意思。如果企业管理者能够向罗伯特·李将军学习，在发布文件前，先花些时间让自己的员工试读一下，那么其他员工读到时，产生困惑的可能性就会被大大降低，除此之外，还能节省不少时间。

第二十六章
一切都要“简洁有力”：
简报也能反映执行力

虽然军队在写作风格上“声誉欠佳”，但是军队的简报却是广受欢迎。不过这在某种程度上要归功于好莱坞电影：身穿军服的英俊军官们在作战室里估测敌情，预测“正义之战”将如何取得最终的胜利。在现实生活中，我们最近一次看到军事简报是在“沙漠风暴行动”时，电视转播让全世界都看到了这样的情景：将军和上校们身着迷彩服，将战争计划一步步展现在观众眼前。人们对军队简报实力的疑虑也随之打消。

西点学员在第一年的课堂背诵过程中就学会了简报技巧。学员们要站在黑板前，将解决学术问题（简报格式详见附录L）的方案向所有人展示。简报格式和西点的写作格式类似：首先叙述主题，然后讲述主要内容，最后总结。除了教会学员口头表达的基础知识，西点对学员在做简报时的站姿、眼神交流、声音控制和手势也会进行训练。

西点强调做简报时一定要遵循简洁、清晰、客观的原则。

西点强调做简报时一定要遵循简洁、清晰、客观的原

则。学员的表现也会根据以上三点进行评分。关于简报的步骤，在《常规任务手册》中也有规定。

1. 确定简报的目的。
2. 确定你的观众是谁；对你目前简报话题的了解水平；如有需要，确定决策者是谁。
3. 确定简报的时间和地点以及所需时间。
4. 确定简报准备工作所需时间。
5. 做好相关调查，列出提纲，撰写简报草稿。
6. 整理简报线索，用于呈现简报时的视觉辅助。
7. 演练。在观众和场合方面，尽可能地模仿正式简报的环境。
8. 简报。
9. 回答问题。

每天重复的课堂背诵锻炼了我们的敏感度，无论简报的主题是什么，我们都会在听简报的时候额外关注简报人的外表和肢体语言。多年以前，我们在一次军事艺术课上听过一个著名战斗英雄的演讲。他站在讲台前，用一张德国地形图为我们讲述一次战略行动。他身着军服，左胸花花绿绿的勋章显示着他传奇的经历。尽管他的话题很有意思，可我们始终没办法集中精力。他的领带不正，腰带扣和裤子拉链没有在一条线上，名牌也不平整。军队对我们着装的所有细节都有着严苛的要求，我们的注意力完全被他这些不符合要求的着装细节分散了。

每当做简报的军官说不到重点时，长官会粗暴地打断他。我们也常常看到董事会主席因为始终听不到重点而直接取消简报。事实上，很多演讲者都是因为没有充分计划好简报，把自己送进了“雷区”，毁掉了实现目标的希望。每个人做简报都有自己的风格，下面的基础指导可以让我们在做简报时避免很多问题。

1. 演讲是一种交流的手段。演讲的本意是传达和（或）影响决策的，你的演讲必须以实现你的预期目标为基础。在适当的情况下，组织好信息简报，做出决策。
2. 准备工作至关重要。提前预测可能被提及的问题。同时，在不知道问题的答案时不要急于回答，要向观众解释之后再给他们反馈（很多时候，观众为了刁难演讲人会明知故问）。
3. 回答问题时要严谨、利落。观众也会因此对你做出评判。
4. 有效地使用视觉辅助工具，可以大大提升演讲的效果。常言道：“一图抵千言。”但一定要确保图片准确、有意义，不要贪多。既要突出重点，还要清晰易懂。
5. 运用图表。精心准备的表格、地图、幻灯片都是有效的手段，要将它们合理地呈现出来。但一定要在正式播放前确定幻灯片或图表的顺序是否正确。

6. 展示时可以使用信号笔指出具体内容。
7. 如果演讲时面前有讲台，要不时地离开讲台，以免造成交流障碍。
8. 确认日程表，做出相应调整。演讲的时间越长，观众的注意力越不容易集中。
9. 在演讲过程中注意眼神交流，流露你的自信。眼神交流也能吸引观众的注意力。

除了上述指导外，我们对会议事宜还有一些补充。例会最多不应该超过一小时，需要按照事先制定的日程进行。如果在预定的时间内没有实现目标，可以暂时休会，增加后续会议。如果会议需要进行决策，应避免无关主题的讨论，而是专注于探讨主要事宜。如果可能的话，在会议召开前应把相关材料分发给每位与会者，并为与会人员留出充足的时间消化材料信息，适当回答他们的问题。这样可以为正式会议节省不必要的提问时间。

领导力对会议的控制、会议的准时性和信息交流起着重要的作用。

领导力对会议的控制、会议的准时性和信息交流起着重要的作用。它鼓励各方开放、客观地参与，同时限制那些长篇大论者无休止地发言。会议不是抒发个人情怀的论坛，也不是大声辩论的赛场，更不是委员会式妥协制度的实验室。

第三篇

准则与策略

第二十七章
经久不衰的行动准则

在最初构思这本书时，我们原本不想涉及战略战术的问题，因为大多数将军事和商业相结合的商业或是营销类书籍都已经从“作战原则”（《作战原则》见附录M）的角度谈论到了这个问题。这些书籍通常会首先介绍作战原则，举出历史事例，然后讲些趣闻逸事，说明如何将军事战略运用到重大商战中。除此之外，文章里还会不时穿插约米尼[①]、克劳塞维茨[②]和孙子等军事大家的名言。有些书籍对战略问题的探讨既广博又具说服力，因此我们一直在思考是否还能呈现出新颖的内容。但是随着研究的深入，我们发现西点的很多军事行动基本准则竟然鲜有人提及。

西点开设了两门教授军事艺术和战争的课程。其中一门课的学术性较强，着重分析重大历史战争或战役。在这门课上我们学到，即使是像拿破仑和巴顿这样伟大的指挥

---

① 安托万·亨利·约米尼（Antoine – Henri Jomini，1779. 3. 6—1869. 3. 22），军事理论家，法国拿破仑时期的将军，法国上将。

② 卡尔·菲利普·戈特弗里德·冯·克劳塞维茨（Carl Von Clausewitz，1780. 7. 1—1831. 11. 16），德国军事理论家和军事历史学家，普鲁士军队少将。

官，也曾热忱地向前辈们学习战略战术，以便将来运用到自己的实战中。此外，我们还发现，无论地理环境如何变迁，武器发展多么迅速，很多战争准则始终没有改变。

另一门有关军事艺术的课程则注重战术的研究和实战。这门课程会涉及到大量的军事手册，如《美军 FM 100 - 5 号令》和《行动手册》等。整个第三部分的讨论也以这些军事手册为基础，我们会将手册中涉及到商业战争的部分提炼出来。接下来的讨论主要围绕如何针对敌军做出计划以及对敌作战的问题，也就是在商战中如何处理竞争者的问题。消费者是企业的终极目标，就像军队总是遭遇敌军，企业也总是会遇到竞争者。因此，要想赢得消费者的青睐，企业必须了解多种打败竞争者的方法。我们在前面提到过，**决定战争结果的是人文因素——坚实的领导力、合理的训练和高昂的斗志。**

决定战争结果的是人文因素——坚实的领导力、合理的训练和高昂的斗志。

从军事角度看，商业战场战线广阔，包含厂房、进出口港口、交通网、最终市场。在这个无形却又广阔的范围内有一个“重心”，或者说是企业力量的源泉。在军事上，这个“重心”意味着“大规模敌军作战力量、重要的指挥或控制中心、后勤基地、通信线路……重要的经济资源或位置、国家的战斗运输力量，甚至是国土”。

企业虽然不能像军队那样，用一枚炮弹就将对手的军工厂、通信线路和战略力量统统消灭，但可以利用合法手段扰乱、削弱、瓦解竞争者的重心。重心不一定是实体，可以是无形的目标，例如消费者的信任。

重心可能会随着情况的改变而转移，例如企业高层管理人员的更换、新产品或服务的引入、新型营销手段的产生或是企业经营方向的改变。因此，企业必须持续、密切地关注竞争者的财务状况、融资渠道、销售与营销模式、研发成果以及产品的优势和劣势。了解这些信息可以使企业制订出计划，集中并利用自己的优势力量攻击竞争者的弱势。

纵观《美军 FM 100－5 号令》中关于攻击行动的内容，我们看到了“无畏”二字。虽然有些行为乍看之下稍显鲁莽和不计后果，但是美军要求无畏的精神绝对合乎情理，尤其是在面对劲敌时。战争意味着冒险，有时要以生命为代价，有时甚至关乎国家存亡。但**草率行事永远是致命的，在商场亦是如此**。

草率行事永远是致命的，在商场亦是如此。

美军奉行激进作风的同时，也遵循一定的准则，要求指挥官对战争“高潮点”时刻保持敏感。“高潮点”就是进攻行动中的关键点，它的到来预示着：“力量的天平开始向被攻击的一方倾斜。”这时，攻击的一方“不再占有绝对的优势”。这意味着进攻应该在这一点到来前停止，不然可能会面临通信线路崩溃、士兵筋疲力尽的危险，甚至还可能遭到反攻，最终被对手打败。

同样，企业也应该持续监督其发展进程，明智地调动资源，要在“高潮点”来临前适当地放慢脚步，重新部署“攻击行动”。相应的，**商业规划应该详细到企业应在何时以及如何停止攻击，并开始巩固自身实力**。

商业规划应该详细到企业应在何时以及如何停止攻击，并开始巩固自身实力。

战略规划对于任何战争都是至关重要的。在军队，从接到上级命令的那一刻起，规划就应该开始。规划格式见第二十一章内容。《美军 FM 100 - 5 号令》中提到，在规划过程中，指挥官必须“英勇大胆……抓住时机，明智行动”；同时，为了取得最终胜利，还要能够承担伤亡和失败的风险。为了将风险降到最低，规划通常应该辨明敌人主力并避免与之正面对抗。因此，指挥官应集中所有力量进攻敌人防守最薄弱的地带。

为了应对当今飞速发展的高科技战场，军队在决策方面提倡权力下放。相信很多企业也有过类似经历，权力过度集中会导致官僚僵化，错失战略机遇。虽然权力下放可能意味着行动中决策的精准度降低，但军事战场的本质和独立行动的可能性，要求在规定范围内必须将权力下放到最了解实际情况的底层指挥部。

企业高层管理者必须意识到，虽然放手很难，但是只下放责任而不下放权力的做法，不仅会降低底层管理者的工作效率，打消他们的积极性，而且也不利于培养他们的决策能力。

在很多情况下，企业也能够从权力下放中受益。权力下放的支持者认为这样做可以使个人更具竞争力，精力更集中，更灵活地应对变化。此外，还能够鼓励员工的创造力和主动性，从而使整个企业受益。**企业高层管理者必须意识到，虽然放手很难，但是只下放责任而不下放权力的做法，不仅会降低底层管理者的工作效率，打消他们的积极性，而且也不利于培养他们的决策能力。**

第二十八章
“无畏进攻”才能赢

1863年春，到达南方军位于密西西比河维克斯堡堡垒时，尤利西斯·格兰特将军意识到，堡垒防御精良，采取正面进攻策略无异于自杀。因此，格兰特进行了大胆的作战部署，他命令部队通过伪装和突袭攻击南方军的南部侧翼，切断他们的联络线。最终，南方军被格兰特的迅速和勇猛搞得溃不成军，只得束手投降。

一个多世纪以后的1990年，由诺曼·施瓦茨科普夫将军指挥的联军采取了类似的战略。他们将主要军事力量转移到敌军的西面侧翼，远离位于南科威特沿岸的伊拉克战壕，同时伪装成正面进攻的样子。格兰特将军的策略再次上演，联军整齐划一地包围了敌军防御部队，切断了他们的联络线，最终一招制敌。

如果不是这些战术有力地实施，可能会导致惨重的伤亡。采取正面攻击策略，很可能造成更严重的伤亡。鉴于越战留给人们的愤恨情绪还未消散，如果“沙漠风暴行动”再采取类似的策略，很可能重燃民众心中的旧恨。

虽然大多数商业战争不像军事战争一样涉及大量军队和大型设备，但是就集中力量攻击对手软肋这一点而言却是相同的。预算较少的中小型企业往往会限制目标市场的数量，直到逐渐被消费者认识和接受后才采取更积极的策略。这种策略非常明智，特别是在与大型企业争夺市场份额时，贸然猛攻利润更高的大型市场，往往会以灾难收场，尤其是被自我和做大做强的幻想冲昏头脑时。

商战没有太多的刀光剑影（也许那些残酷竞争中的幸存者并不这样认为），但是商场就是战场，只是规则不同罢了。有竞争就有敌人，看似无形却又如影随形。竞争者总是和你一同出现在商业展示会上，他们的产品出现在市场上、电视促销广告或是平面广告里。

西点教导我们，进攻时就要集中全部火力，攻击敌军的士兵、指挥官，夺取装备和物资。《FM 100－5 号令》中提到，我们要尽可能地避免“与敌人的主要力量短兵相接，而是要将他们调动出防守位置，切断他们的后援支持，出其不意，让他们在毫无准备的情况下应战”。然而，在商场上我们学到，礼貌和优雅只是夺取竞争者市场份额的乔装。**企业的目标很清晰：在不受任何损失的情况下，夺取并保持市场份额。**

企业的目标很清晰：在不受任何损失的情况下，夺取并保持市场份额。

军事进攻准则在商业上的运用，最淋漓尽致地体现在供应商零售货架空间的争夺战上。对于所有行业来说，将产品呈现在潜在的消费者面前都是首要目标。零售货架空间，即零售店销售商品的货架摆放位置。

各行各业都有自己的产品销售方法、分销方法以及接近消费者和最终购买者的销售路线。产品的种类不同，销售方法也不同。以零售业为例，供货商必须说服零售商为他们的产品预留货架。经过周密计划的“进攻方案”能够有效地解决这个问题。

《FM 100－5 号令》指出，成功的攻击行动有五大特点：“出其不意、主力集中、行动迅速、灵活变通和勇敢无畏。”如果商业规划也能具备这五大特点，那么成功的可能性就会大大提高。**制定出具体步骤能够为企业管理者在竞争和夺取市场的过程中提供有效帮助**。这不仅意味着要对竞争者的情况了如指掌，还要建立大量关于购买商的档案，记录他们的购买习惯、产品模式、喜好以及联络方法。有过向陌生人推销经验的人都明白上述背景信息的重要性，尤其是在你的产品还未进入市场，而竞争产品已经混迹市场多年的情况下。

制定出具体步骤能够为企业管理者在竞争和夺取市场的过程中提供有效帮助。

大型连锁店的购买商拥有无上的权力，对于这一点，他们自己也心知肚明。进入他们的办公室前，前台冷若冰霜的态度就是在告诉“卑微”的“小商贩”们赶快开门见山，直达重点。通常卖家只有一次机会说服他们考虑自己的产品。《FM 100－5》中提到的“出其不意”是指：“在敌人毫无准备的地点或时间或以出其不意的方式进攻。”卖家要想引起购买商的注意，一定要展现出产品前所未有的商机，证明自己产品的绝对盈利性；另外一个有效的策略是通过购买商熟悉的第三方作为引荐人。无论采取哪种策略，最重要的是能够压制购买商傲慢的气焰，使会谈进入正常的轨道，使购买商采取开放的心态，这样他们才能更加客观地考虑产品的优势。这就需要提前合理的规划和敏锐集中的努力。

军队中“集中兵力”的意思是指：“以联合的战斗力量，通过入侵或包围的方式粉碎敌军防御。”其首要目标是使任何抵抗力量都失去战斗力。如果运用到商业上，就是举办引人注目、准备充分且经过反复排练的产品推介会。通过推介会简洁合理地说明消费者应选择自己产品的原因。对商品营销能力的介绍，如产品毛利润、消费者需求的市场调研和广告投入，是打入购买商第一条防线的有效手段。**企业要向军队学习，在上战场前对所有的现有资源进行整合。**

企业要向军队学习，在上战场前对所有的现有资源进行整合。

一旦购买商显示出对产品的兴趣，卖家一定要迅速出击。《手册》中提到的“行动迅速”，是成功的绝对关键因素。“出其不意”要求：“行动迅速，因为只有出其不意才能打乱敌人的阵脚，巩固进攻力量，阻止防御者采取有效的反攻措施。”最关键的一点是，要在购买商改变主意前认准并抓住时机，因为速度可以弥补“量”（企业规模和品牌认知度）的缺乏，还能为进攻提供必要的动力。

对购买商的进攻不仅要行动迅速，还要灵活变通。卖家必须在产品推介会前对所有可能提及的问题做充分的准备。灵活变通还意味着卖家要对买家的要求和调整做出迅速回应，例如及时对产品条款和条件、产品下单到出厂时间和船运安排等做出相应调整。总之，销售是最终目标。

无论是在军事上，还是在商业上，“勇敢无畏”都是这五个特点中最关键的，当然也是必需的。当敌人或对手在规模和火力上占有强大优势时，这一点更是至关重要。在与大企业竞争货架空间时，必须要考虑买家和消费者的忠诚度问题。尽管小企业能够提供更吸引人的产品和更大的利润空间，并且买家也希望尝试与小供应商合作，但是大型企业总是利用自己的影响力迫使买家为他们的产品预留货架空间。此外，有些买家更“念旧”一些，他们不愿冒险和新供应商合作。克服这些阻力的方法之一就是采取代销的方式，这样可以有效地展示出供应商对产品销售能力的信心。无论采用何种策略，都要尽量避免阿谀奉承和含沙射影。积极热忱的态度是赢得买家青睐的基础。就像军队一再强调的：**“缺乏勇敢无畏的精神是进攻失败的最主要原因。”**

“缺乏勇敢无畏的精神是进攻失败的最主要原因。”

第二十九章
防御准则：攻城易，守城难

一旦在零售战场获得了胜利，夺取了新的市场，企业就应该立刻建立防御措施保护刚刚夺取的阵地，以免竞争者入侵。当然，企业也可以再次发起进攻，巩固刚刚建立的零售渠道。就像军事中要占据有利地形一样，产品的货架位置和外包装可能对销售起着重要作用。拥挤的货架上，与消费者视线平行的位置是最佳位置。

《FM 100－5 号令》中提到，防御的目的是抵挡或击退敌军的进攻，守住阵地，为日后发起进攻时节省资源或是为等待援军到来争取时间。从某种程度上说，所有的进攻行动都呈现出某些防御特征，即使只是暂时性的。例如进攻过程中的重新部署、巩固实力、及时补给、评估损益等。**与成功的进攻行动相同，成功的防御行动也有其特点：充分准备、分裂瓦解、集中精力、灵活变通。**

与成功的进攻行动相同，成功的防御行动也有其特点：充分准备、分裂瓦解、集中精力、灵活变通。

《FM 100－5 号令》中有对“充分准备”的详细说明：“全面彻底地部署兵力，对战略计划进行沙盘演练，组织好负责行动的部队和负责支援的部队，提前在防御区域安装或部署好监测装置……”如果将这一点运用到零售业中的话，就意味着防御者应该迅速采取一系列措施，确保产品能够占据货架的有利位置，并以长期占据货架最有利位置为目标。企业可以采取多种措施坚守防御阵地。

首先，在商场中出售的产品绝不能出现存货过少甚至断货的状况。如果在战场上发生类似状况，意味着防御部队的防线过于薄弱。其次，因为供货商不能按时供货导致货架空空如也，不仅会危害到来之不易的胜利果实，而且可能破坏与商场经理和买家建立的融洽关系。因此，一定要定期介绍新品，给人留下积极进取的印象。定期拜访商店和重要客户，完善服务。与商店经理和买家间建立热情牢固的关系，是你用来防御竞争者攻击的坚强堡垒。

防御部队要不断侦察敌军的行动，而企业则应持续关注竞争者的活动。包括研究对方的定价策略、产品种类和质量、新品推介、产品研发线、广告和促销、销售模式和市场扩张（萎缩）状况、销售和分销手段的改变、主要管理者的声誉、财政状况、补货周期和新工厂地址等等，具体信息可以参考第十七章内容。分析上述信息对于管理者预测竞争者进攻情形极其重要。

防御的一方绝不能被动等待攻击，要主动对竞争者可能的行动方案的各方面信息事先进行预测。反复问自己：“如果这种情况发生了该怎么办?”除此之外，还要制订出应对各种突发事件的备用方案。一定要预料到进攻者采购代理商的“侧翼攻击”。通常这种攻击试图给企业制造一种竞争者的产品在质量、性能、收益和服务支持上都更胜一筹的假象。而事实上，优势常常是在防御一方的，因为买家对防御方的情况已经完全了解，对进攻的一方却知之甚少。如果这种进攻持续不断，那么防御方需要采取主动，以“分裂瓦解”策略平息激烈的竞争。

军事战场上的“分裂瓦解”行动，通常没有商战中那样不露声色。军事行动包括扰乱敌军同步作战行动，“主要是通过一系列扰乱行为分散敌军的战斗力，包括扰乱敌军的火力支持、后勤支持、指挥和控制；打乱敌军行动节奏；破坏敌军和其他军事力量的合作。”当然，破坏竞争对手的厂房、仓库、物流线和销售网的做法，不仅不实际，也不明智。但是，企业可以采取其他措施使对手无法得到货架空间，例如与商店经理和买家保持密切联系，或是有策略地投放广告，以占取竞争活动的先机。

为了实现有效的防御，对对手情报的收集和分析是必不可少的。根据情报，企业可以确定何时、以何种强度发动攻击。防御者一定要具备预测广告宣传、新品推介、降价和其他战略行动的能力，这样才能集中力量抢占先机，有效或完全超越对手。《FM 100－5 号令》中指出：“有力的勘测和安放警卫部队能够为战略指挥官争取时间，判断进攻的类型，进而集中兵力进行火力反击。”

妥善执行的情报计划能够揭示竞争者集中的主要资源，其中包括其人才和资金状况。及早侦察能摧毁“出其不意”的进攻打算，并打击其主动性，这两点对于进攻对手的防御工事至关重要。例如，抢在竞争者之前组织广告活动，将会大大削弱他们的广告影响。这种战术叫作“有样学样”，即采取与竞争者类似的行动。这种方法能有效地削弱竞争者在买家和消费者眼中的形象。此外，在促销战开始前，要谨慎考虑时机的选择，以及执行力度的问题。同时，对广告、新产品研发和推介的成本也要仔细估量。例如，广告预算很少的企业，最好不要通过媒体广告的形式进攻竞争产品。另外，负面攻击策略始终是很危险的，特别是当没有足够的资金支持高昂的宣传活动时，很可能会弄巧成拙。如果企业选择价格战作为防御手段，那么一定要记住，削减的利润可能会严重影响到企业的运营。

时刻预测竞争者意图只是美好的愿望，在现实中很难实现。因此，正如《FM 100－5 号令》所述，防御者应时刻准备“抵挡或躲避敌人的出击，然后有力地还击”。在很大程度上，这是可以通过规划实现的。在规划阶段，企业须针对竞争者可能采取的进攻行动制定出一系列应急措施。例如，企业可以预留出应对突发状况的专项资金。《FM 100－5 号令》也提到，这样做的目的，“是为了灵活应对危机并且在机会来临时迅速反攻。”上过战场的人都知道，在何时、何地发起进攻是由进攻者决定的。

本书第十七章讲到的《局势分析》格式，也适用于制订防御计划。《FM 101－5 号令》指出，防御计划应“以对敌军主力和支援的定位、牵制和击溃为基础……对所有现有资源加以利用，抵抗进攻者数量上的优势。警惕危险和在商战中，企业必须与买家保持沟通，一再确保买家获得最大利益。

威胁；集中火力攻击敌军的薄弱环节”。因此，**在商战中，企业必须与买家保持沟通，一再确保买家获得最大利益**。这意味着要不断满足消费者需求，最大限度地利用货架空间，增加销售。

在战场上，时机对组织防御非常关键，因为战场形势瞬息万变。企业通常都会有充足的时间为预期的进攻做准备。尽管如此，也一定不能掉以轻心，要随时安排突发性应对措施，抵挡竞争者出其不意的进攻。

第三十章
重拾主动性

美国的军队和企业正进行大规模的“瘦身”，他们大刀阔斧地削减成本，为的是减少负荷，提高竞争力。正因为如此，一夜之间，失业人口剧增，人们为了找到勉强糊口的工作而四处奔波。失业者感到既灰心又错愕，就像士兵刚刚经历了敌人的迫击炮攻击一样。无助和自甘堕落的感觉挥之不去。在战场上，这种萎靡不振的状态绝对会招致全军覆没的后果。

军队教会我们，在遭受重大损失时，行动是使人振奋的唯一解药。在遭受敌人进攻后，指挥官必须立即巩固部队，估测战况，迅速整合火力和士兵对抗之后的进攻。这样做的目的是，要营造出积极的氛围，使士兵们从被攻击中迅速恢复。为了将敌军攻击后的混乱程度降到最低，军队必须保证在时间允许的情况下，规划反击行动并进行演习。规划要以推测敌军的行动为基础，因此推测是整个程序中非常关键的一环。

军队教会我们，在遭受重大损失时，行动是使人振奋的唯一解药。

军事上对反击的定义是：“由部分或全部防御力量发起

的针对进攻力量的反攻。这种攻击行动有特定的目标，如收复失地、切断或消灭敌人先遣部队等。通常其最主要的目标是使敌人进攻的目的无法实现。”为了协助指挥官和参谋人员规划反击战略，军队有其特别指示：

1. 首先为最坏情况做规划。
2. 确认反击前是否需要打入敌军内部？
3. 是否拥有应对现况的合适军事力量？如果没有，能否从上级调派？
4. 是否拥有充足的火力支持和火力后援计划？
5. 对后勤保障有何要求？能否满足？
6. 反击路线是否利于行动、掩护和隐蔽？
7. 制订精简的计划。
8. 确保每位士兵都了解行动内容。

在进行反击时，部分甚至全部的后备部队都要投入战斗，使得防御势力极其脆弱，因此反击的时机尤其重要。后备部队是反击行动的中坚力量，军队要求庞大部队的指挥官要预留出至少三分之一的机动力量作为后备部队。商业战争中也应该预留出“后备队”（可以是现金或其他资产），用来增强反击力量或是在恰当的时候争取时间。

作为个人，遭遇挫折后的反击就像指挥官遇到敌军攻击后的反攻。个人可以通过对商业损失或失业可能性的预测，准备应急计划。这样，就可以在必要时立即执行计划，无须浪费时间或是过度忧虑。在冷静、理性的情况下，经过深思熟虑制订出的计划，不仅能够避免日后感情受挫，还可以提供客观可行的行动方案。计划要使人在心理适应初期保持乐观积极的态度，因此应包括具有前瞻性的措施，帮助个人重拾心理平衡，渴望做出贡献。

不幸的是，如今太多人都是“月光族”，从不为失业做任何打算。因此，突然失业后，面对按揭、医疗费、生活费的压力，人们的第一反应是逃避。这种感觉就像已经身处雷区还要不断承受密集炮火的夹击。如果不采取行动，就只有死路一条！

商场如战场，重拾主动性的战斗，对个人来说是非常痛苦的。心理战要求人们在财政困难的猛攻下依然能够保持冷静的头脑。不要再纠结于之前的雇主是如何不公正，此时此刻，真正的敌人是纠缠在你头脑中的各种负面情绪：自我放弃、否认现实和无助感。必须要在这些令人抑郁的“侵略者”突破你的心理防线和杀死你的自尊、信心之前，先发制人，把它们摧毁。就像军队要营造反击的环境，你也要为反击创造良好的心理环境。有句名言说得好：**“有力的进攻是最好的防守。”机会不会凭空产生，你必须自己去探寻。**

“有力的进攻是最好的防守。”机会不会凭空产生，你必须自己去探寻。

第三十一章
提前制订行动计划，以备不时之需

有一种商业战争，形式和经典的军事行动非常类似，它表现出商业战争最激烈也最具战斗性的一面：恶意收购。

随着商业竞争不断激化，全面的商战将会爆发。进攻者意识到，为避免遭遇残酷的反击，必须无畏地冲锋。但与此同时，防御者也不会坐以待毙，他们会调动全部后备部队，甚至会选择联合更强大的力量——“白衣骑士”①。**有一种商业战争，形式和经典的军事行动非常类似，它表现出商业战争最激烈也最具战斗性的一面：恶意收购。**

对于进攻潜在的收购目标或是抵御恶意收购来说，任何西点传授的军事原则或是前面章节讨论过的内容都可以用来制定相应的策略。但无论是何种情况，都一定要确保提前制订行动计划，并且在实施前进行演练。

“恶意收购”是指收购者在违反被收购者意愿的情况下，以不友好的方式征服或者占有其资产。通常收购者实力强大，享有更丰富的资源。他们会确定收购目标，进一步发展自身实力，例如增加每股收益、扩建产品仓库、拓

① 在商业上指帮助企业渡过财政难关或避免企业被收购的人或机构。

宽分销体系、消灭竞争对手等。在本章我们将从两个方面探讨：收购者和被收购者。

收购者：在收购计划的最初阶段，应根据《参谋研究》格式确定收购的时机及合理性；确定并选定收购目标，然后选择买方最受益的交易方式。收购计划必须考虑谁、什么、何时、何地、何种方式以及为何的问题。在采取恶意行动之前，必须首先向被收购企业提出合理报价。如果报价被拒绝，收购者才可以开始考虑采取恶意手段收购的成本和收益。考虑到收购结果事关重大，企业总裁应该亲自指挥，对所有关键行动方案签字认可。

一旦调查分析完成，目标企业也已选定，收购者便应该按照《局势分析》的格式尽可能多地收集被收购公司的信息。在这一阶段，最重要的就是要对收购的根本原因和目标企业的强势、劣势、兼容性和差异进行彻底的分析。认真分析研究目标企业的产品（包括现有的和开发中的）能够得出很多信息，例如研发投入、市场、市场份额、财务状况、目前和预期收益、管理层、工人技能、工会合同、厂房、分销网络、销售力量、法律程序、存货方式、现有关系网中潜在的“白衣骑士”，以及其他有形的、无形的资产和负债。了解敌人至关重要。**在这种商战中，因缺乏调查而导致的“意外”代价是高昂的，甚至是致命的**。在情报不充分或缺失的情况下，应该谨慎推测，在决策的过程中反复权衡。

在这种商战中，因缺乏调查而导致的“意外”代价是高昂的，甚至是致命的。

如果根据《局势分析》得出的结果显示出充足的收购

理由，那么收购者应该以《指挥官局势分析》格式为基础，对所有影响收购的因素进行详细分析。分析必须结合真实和假设的“敌军情报”以及“战场情况”，并在此基础上制订出最可行的行动方案。收购者必须将精力集中于原定的目标上，不要受传闻、误导性媒体报道、套利者的阴谋和第二收购目标的蛊惑。经过分析得出结论后，便可以制订行动规划并准备“发起进攻”了。

在整个分析和规划阶段，保密工作是非常关键的，因为“出其不意”通常对行动是否能成功起着关键作用。

在整个分析和规划阶段，保密工作是非常关键的，因为“出其不意”通常对行动是否能成功起着关键作用。虽然个人因素对行动是否能够成功也起着一定作用，但是对于企业意图，只有非常重要的人才有权知道。就像军队上战场前要提前部署好攻击的策略和部队一样，企业在收购前也要提前安排好相应的支援。在收购的最初阶段，投资银行、律师、会计师、代理人等相关人士就应该发挥各自所长。当行动规划制订好并经过演练后，一切因素准备就绪时，企业总裁便可以下达“进攻”命令了。

收购进攻必须猛烈且不屈不挠。在适当的时候，要利用佯攻和诡计，以便集中力量攻击敌军软肋；勇敢地发起致命的一击，使目标企业还来不及防御就被生擒。“佯攻和诡计”可以是铺天盖地的新闻攻势、查无实据的法律程序或是精心策划的谣言。整个攻击行动必须受到严密控制，确保“先遣部队”盯住目标的同时，还要避免“参战人员”因投入太多个人情感，而最终导致收购支出超额。

被收购者：在进攻时使用分析和策划的方法也同样适

用于制定防御战略。对于一些没有计划，毫不知情，又欠缺勇气的企业来说，当沉痛且高昂代价的战争降临时，他们便立即屈服于收购企业的淫威之下。而另一些企业意识到抵抗意味着巨大的风险，甚至有可能失去企业的全部资产。在防御过程中，上市企业的管理层应着重考虑股东的最大利益，如何将股票价值最大化，而不是仅仅关心自己在被收购后将何去何从。

如果企业决定坚决抵抗，可以参考《参谋研究》和《局势分析》。这两种格式能够提供深入广泛的指导，帮助企业分析可能发生的进攻、潜在的敌人，并提供相应的防御策略。此外，这两种格式还包括各种发起反击的可行方法和技巧。当然，针对不同类型的进攻，这些方法与技巧可能表现出不同的功效，因此，需要在敌军入侵前就制订出计划。

军队的前期防御手段包括建立防御周界、布雷以及布置火力区域。而一般情况下，商业防御战的初期阶段需要做好以下工作：制定企业章程，修改细则，制定互相制衡的董事会条款，投票遵循“绝大多数”通过原则，遵循特殊会议原则，修改管理层雇用合约控制条款，实行股票“自我认购”制，优先股轮换制，增加企业负债，招募企业“白衣骑士”。无论以何种方法，防御者都应该给予攻击者狠狠的还击，使攻击者每次越界进入防御阵地时都要付出惨痛的代价。但防御者必须谨记的是，进攻者对这些措施同样了解，并且可能针对这些措施设下了圈套。

当敌军逼近时，可以采用法律手段减缓或阻碍进攻者。同时，企业必须通过不断优化其生产、销售和营销来获得股东的忠诚。因为敌军可能会对股东发起宣传轰炸，贬低现有管理层和董事会，同时吹嘘自己的提案将会为股东带来多么可观的收益。通常，他们会以“周末特别报价”或“直接收购要约”来作为引诱和铺垫，跨过第一道防线。接着，他们会使用“双重”报价战术，以诱人的价格购买股票，达到控制企业利益的目的，而随后他们便会以较低的价格收购剩余股票。在这种情况下，股东对企业的忠诚度受到严峻的考验。面对他们在财政上的不断施压，企业管理层必须一再向股东和员工保证会竭尽全力保护他们的利益。因此，与员工和股东间持续公开的交流对于建立统一的防御战线至关重要。企业的动态一定要随时告知股东和员工，绝不能等到众人皆知时，他们还被蒙在鼓里。

无论是处于进攻的一方，还是防御的一方，企业高管的投入和坚韧程度都是成功最重要的因素。

在恶意收购的过程中，**无论是处于进攻的一方，还是防御的一方，企业高管的投入和坚韧程度都是成功最重要的因素**。企业管理者必须身先士卒，让员工和股东感到他们的最大权益能够得到保证；并随时告知他们收购进展，不要表现出一副事不关已的态度。

第三十二章
国外市场入侵：
代价高昂的陷阱和法律纠纷

站在飞机跑道上，准备登上飞往东南亚的直升机，跨越太平洋。当时我们的心情真是忐忑不安，不知道前方等待我们的是什么，不知道还能不能活着回来。西点四年的训练教会我们如何面对战争。然而，我们学到的是二次世界大战时期的战略战术。在西伯利亚广袤无垠的草原上，对付苏联部队是卓有成效的；谁知道在地势复杂的丛林山谷，应对那些身着便装，隐藏在当地老百姓中神出鬼没的越南游击队员能否奏效呢？

在越南所上的宝贵一课对我们后来的整个商业生涯都有着深刻的影响。我们认识到，绝对不能自以为是地认为，在某个战役中成功的战略战术或武器装备也一定适用于其他战场。因此，当我们后来进入外国市场时，总是能够在迫切之余小心谨慎地行事。军事经验告诉我们，在发起攻击行动前，一定要彻底了解地形和敌情。同样，**企业在进入新市场前，必须深入了解外国的市场情况、竞争情况以**

企业在进入新市场前，必须深入了解外国的市场情况、竞争情况以及最重要的一点——消费者情况。

及最重要的一点——消费者情况。

前面的章节中提到的《局势分析》格式为管理者收集和分析情报提供了一定指导。根据这些分析，企业可以制定出针对产品、市场和分销的策略，从而满足海外市场需求和消费者需求，并且在销售程序开始前，将产品和人员部署到位。

正是因为忽略了这些常识，拥有最杰出员工和高端计算机技术的强势企业也屡屡错失机会，在关键战役上频频失败。

虽然这些只是普通常识，但**正是因为忽略了这些常识，拥有最杰出员工和高端计算机技术的强势企业也屡屡错失机会，在关键战役上频频失败**。因为他们没有充分地了解和预测外国市场。如果美国的汽车制造商们能够用心分析收集到的情报，那么他们一定不会尝试向日本销售体积大、耗油高的左驾驶位汽车。因为日本道路狭窄，并且车辆都是右驾驶位。因此即使日本方面敞开大门，放开对美汽车进口政策，美国的销售也会频繁碰壁的。

同样，外国饮料生产商无法闯进美国市场，是因为他们没有注意迎合美国消费者的口味。外国企业在应对百般刁难的消费者的同时，还要克服美国市场存在的种种陷阱和法律纠纷。前辈们的悲惨经历，如恐怖故事般警示着跃跃欲试的外国企业，他们被这个世界上最大、最富裕的消费者市场吸引着，却又望而却步。此外，律师军团中盛行着一股邪恶风气，他们紧盯毫无防备的外国企业，以"伪造"的产品责任索赔为武器，不断发起攻击。除了对各种诉讼的担忧，如何在美国这样一个注重保护消费者权益的国家，做到不违反其联邦、各州以及各市五花八门的法律条例已经使外国企业手忙脚乱，更不用说高昂的进驻成本和激烈的竞争了。

其实，众多企业不愿进入美国市场也是情有可原的。尤其是他们感觉到对美国的市场、特点、多元文化以及变化莫测的消费者无法产生共鸣。这种经历就像是军队远征到未知的丛林一样。对于这样的探险，商业规划如地图一样必不可少，因为有了它才能认清地形。

就像美国企业在投入大量的资金前，必须先对国外市场进行评估一样，跨国公司在进入美国市场前，也应该制定自己的决策书。在这个过程中，通常需要对美国市场了如指掌、经验丰富的专业人士来协助。由于绝大部分商业决策都不可避免地以利润为中心，因此，协助的专业人士应该切实地描述和推测现有和将来的市场情况以及消费者需求。可惜的是，许多外国企业都认为本国有效的前提和推测能够跨越国界，直接移植，丝毫不考虑本国和美国文化之间存在的差异。这种做法不仅从一开始就注定了失败，也加深了美国市场在人们心目中的“危险”形象。

商业规划是企业在考虑进入外国市场要完成的首要使命。因为它不仅能够辨明风险，在必要时警示企业终止计划，还将问题现实化，辨明企业恐惧的来源。在向专业人士寻求帮助之前要谨慎考虑。很多大型咨询公司会提供给客户大量不必要的文件，如美国的商业报告等等。通常这些堆积如山的文件和关键问题毫无关联，也无法帮助企业做出经济、切实的决策。商业规划的价值和实用性并不体

商业规划是企业在考虑进入外国市场要完成的首要使命。

有了商业计划作为地图，加之“向导”的帮助，外国企业的顾虑一定能被打消，实施乐趣无穷又收益颇丰的“探险”。

现在材料多少上。因此，定量分析和小组讨论的必要性有待质疑，因为在有经验的人眼里，这些都是不必要的花销。

许多日本企业一旦决定扩张海外市场，便会采取措施克服在美国市场可能遇到的阻力。他们会雇佣一个美国“向导”，为自己提供专业服务，制订计划。这种措施往往行之有效。在寻找“向导”这方面，虽然个人因素起到很大作用，但是作为专业人士，必须要对流行趋势的改变、未来消费者需求、市场以及经济和政治环境有敏锐的洞察力。**有了商业计划作为地图，加之“向导”的帮助，外国企业的顾虑一定能被打消，实施乐趣无穷又收益颇丰的“探险”。**

第三十三章
演习：弥补潜在漏洞

世界各国的基本进攻和防御战略战术千百年来历经时间的考验。无论如今的武器和电子设备多么现代化，这些战争的基本原理始终都万变不离其宗。如前所述，这些原理被人们用文字记录下来，任何人都可以对之加以利用，包括敌人和对手。例如，如果熟读美军军事资料，就可以预测出其军事行动和策略。虽然这可能会使对手处于明显的优势中。但这就好比下象棋，即使对经典招式或对手心态均了然于胸，也无法保证最后能置其于死地。在战争中，战场情况复杂多变，**如何抓住敌人在瞬间显现的弱点和机会，是无法从书本中学到的**。

如何抓住敌人在瞬间显现的弱点和机会，是无法从书本中学到的。

为了揭示行动计划的潜在漏洞，在时间允许的情况下，指挥官应该在上战场前进行沙盘演练。我们第一次接触沙盘演练是在西点的军事战术课上。我们先随意设想出攻取或坚守目标的战略行动方案，然后在沙盘中进行演练。沙盘是仿真的地理模型，其中的丘陵、山谷和溪流都由沙子做成。如果用小石子或树枝在这个微型战场上标出敌人的位置，就可以更加生动地展现出战场的情形，也使我们对未来的真实战场有了宏观的了解。

在越南，我们用泥巴和沙土制作过类似的模型。有一次，我们接到的情报中说，在一片沼泽中的一个小岛上探测到敌军的无线电信号，因为小岛是唯一能够发出信号的区域，并且四周的沼泽开阔平坦、视野广阔，所以我们决定，在夜晚趁着夜色突袭该岛。我们的地图显示，这个小岛呈椭圆形，约足球场大小，四周是近一人深的沼泽。根据高空侦察照片，我们在战壕边的泥地上模拟了小岛及周围沼泽的地形。这样，我们就可以预想出接近目标的路线、撤退路线、集结地点以及隐蔽和火力掩护的位置。我们决定穿越沼泽，来到高耸的河岸，突然开火。当火光将天空点亮时，越军官兵还在酣睡。接着，我们会穿过这片沼泽，乘胜追击，将敌人清扫。

自始至终，我们都对整个行动有着形象生动的了解。我们预测到各种可能发生的偶然性事件和敌人的种种反应。随着对该地区的了解以及对未来可能发生事件的认识不断增加，我们越发胸有成竹。

与此相应，拥有十多万士兵的指挥总部会进行规模更庞大的沙盘演练。在空旷的作战室中，巨大的地形图上标注着盟军和敌军的位置。总指挥官、关键参谋人员、下属部队指挥官们以及空军指挥官们集思广益，设想出攻击和打败敌人的各种行动方案。随后，根据《指挥官局势分析》（见附录 D）对各种方案进行分析。他们就像是面对着一个巨大的棋盘，争论着各种方案的优缺点，直到做出最终决策。这种整体性战略策划方法为指挥部到连、排的层级战术行动绘制出蓝图。

如今，高科技计算机技术也被运用到战术演练中，人们可以利用计算机设计、格式化和模拟演习。无论是小规模冲突，还是大型战争，都可以运用这些技术进行设计、设置和演练，预测出最有可能发生的情况，确定最佳行动计划。在所有军事计划和行动中，已知事实和确定参数为战争模型提供了基本框架。与计算机演练具有同样重要作用的是，针对敌人优势、劣势、预计行动和应对行动的推测。在“沙漠风暴行动”实施前，就进行了这种计算机军事演习，协助指挥官们在部署空中和地面部队前，对潜在的问题和机遇进行权衡。

作战演习的方法也同样适用于商业领域。这就像军队沙盘演练中的模型和结构图一样，为决策提供了立体的参考。可视化对理解商业概念也大有裨益。

例如，当我们与零售连锁店合作为新店选址时，我们会在地图上以新店地点为中心，画出一个个同心圆。这些同心圆分别显示出人口因素、消费者购买模式、步行与机动车流量、距分销路线的距离以及印刷、广播和电视媒体支持对销售的影响。配合这个图标，我们还会绘制出金融模型，预测消费者需求以及满足潜在消费者需求所需的相关成本。

对战略策划而言，沙盘演练法是非常宝贵的工具。运用模型和演练也可以使商战可视化，显示出当经济和其他主要因素改变时，战争的结果会如何。此外，它还可以促进管理者们在新的竞争产品出现或是利率提高时，对可行的行动方案进行积极预测。商战的作战演练需要企业总裁和关键管理者们的积极参与。演练模型不应该仅仅由“和数字打交道的人”负责和控制，还需要管理者们的参与，一起确定事实和参数，进行推测和演练。对几乎所有的计划来说，合理有效的推测都是至关重要的。

沙盘模型可以用来预测军事行动。同样，财务模型可以反映企业的财务目标。企业典型的做法是用资产负债表、收入和现金流来审视其结构基础。非常详细的项目也会被分门别类地记录下来，例如广告和薪水支出等。企业的规模不同，计算这些数据的方法也不同。大型企业拥有大型计算机，可以通过外围计算机将来自世界各地的数据汇总。复杂、涵盖广泛的报表软件能够提供迅速、持续的计算，但大多情况下，一张纸、一支铅笔和一个计算器就足以帮助我们了解财务情况的改变所带来的影响了。无论企业使用何种设备，都要遵循以下标准流程：设立框架—收集目前和历史数据—建立并调整推测—制订并分析不同情况下的可行方案—加以提炼。

在之前关于商业规划和推测的部分也提到过，以关键事实为基础的前提和推测的准确与否（例如对预期销售额和成本趋势的推测）对规划结果起着至关重要的作用。将这些推测和历史数据相结合，就为预测财务报表、收入和现金流提供了基础。要对这些数字以及它们背后代表的重要含义进行实战演练。这不仅要求会计将这些数字在电脑上反复推算，还需要整个管理层的参与和评估。他们要进行激烈的讨论，对推测和假设提出质疑，不断激发新颖、富有创造力的想法。在这个过程中，他们不仅将企业的未来一点点地描绘出来，还将所有管理者紧密地联合在一起，共同制订计划，以便达到目标。

不管是泥地上简单、即兴的创造，还是高级复杂的电脑模型推导，作战演习对任何战役的成功都是必不可少的。**不管是在军队，还是在企业，演习都能在实际行动开展前，将冲突、问题、风险和机遇可视化。**

不管是在军队还是在企业，演习都能在实际行动开展前，将冲突、问题、风险和机遇可视化。

第三十四章
商场如战场，执行定胜负

很多商战中采取的战略战术都让人觉得似曾相识，因为它们曾被运用在军事战场。许多企业的CEO将自己看作指挥商业军队的将军，他们常常声称商场就是战场。确实，当我们从军队进入企业界时，也感觉好像只是着装改变了而已。除此之外，语言似乎也有些不同。

战场上的成功，不单单要依靠坚决果断的战术能力，还要依靠坚实的基础，包括艰苦的训练、严明的纪律和强大的领导力。

如果真的像人们说的“商场如战场”，那么企业一定要好好地向身经百战的军事专家学习。就像西点教导的，**战场上的成功，不单单要依靠坚决果断的战术能力，还要依靠坚实的基础，包括艰苦的训练、严明的纪律和强大的领导力**。这些久经考验的能力和基础，对商业成功也同样重要。很显然，进攻和防御是商战中的两大关键因素，但是没有各级别良好的计划、组织、协调并及时地完成任务，任何行动都无法有效达成。

成立于1802年的西点军校，一直是美国军事领袖的摇篮。西点多年来的理论储备为学员们打下了坚实的基础。从简单的左脚原则开始，持续向他们灌输更先进的理念。

品格是维系这些坚实基础的纽带。毋庸置疑，如果不是西点多年来一直强调高尚品格的重要性，也无法以沉浸式体验的方法源源不断地培养出合格的领袖。

近年来，美国的企业逐渐丧失了凝聚力和竞争优势，放弃了长期目标而屈服于短期财务压力。一些批评家认为，整个国家的企业都毫无职业道德可言。公众对美国制造产品的质疑与日俱增，他们尤其怀疑企业管理层是否具备诚信和品格。这种质疑也反映在市场上。外国竞争者在美国市场大获全胜，他们提供给消费者的产品价格更合理。而美国消费者对质量的忠诚一直都大于对产地的忠诚。

阵地不保是不可避免的，也是无法挽回的。然而，要想重聚力量，企业必须重新回归那些曾引领他们成为世界工业大国的基本信念。企业应该将领导力、纪律、道德高标准以及长远投资作为首要考虑因素。但是，美国的体制问题根深蒂固，要想回归基本信念，就要遵循标准化的系统、流程和决策程序，使管理者们将注意力集中在任务和战略目标上。

“至精至简，直达重点”是西点教授的所有技巧和范式的基础，也是本书提供指导时遵循的标准。遵循这个标准，所有指导方针都不会使人产生误解。逻辑化的流程，既节省了时间，又能够引导人们得出合理的结论。西点高效干练的决策方法曾帮助军队挽救生命，打赢战争，如今也一定能为打赢商战做出突出贡献。

“至精至简，直达重点”是西点教授的所有技巧和范式的基础，也是本书提供指导时遵循的标准。

军队中各种方法论为企业管理者们提供了各种指导，

很多企业缺乏领导力和道德感，而西点近两个世纪以来致力于培养学员的正是这两个品质。成功的领导力能够使下属有信任感。没有信任，下属不仅不愿服从命令，甚至可能抓住机会叛逃。

他们可以根据实际情况自行修正和发展。但是，真正能让企业受益的是军队一直传承的基本理念。**很多企业缺乏领导力和道德感，而西点近两个世纪以来致力于培养学员的正是这两个品质。成功的领导力能够使下属有信任感。没有信任，下属不仅不愿服从命令，甚至可能抓住机会叛逃。**信任意味着相信某个人的能力，更重要的是，相信他能够公平、正直。

西点主张良好的领导力要持续不断地留意人的行为，自己和他人的行为都包括在内。因此，西点教导学员们，领导要以身作则。例如在挖隐蔽坑这件事上，能够亲自动手时，绝不能下命令让士兵挖。以身作则能够向成千上万的士兵传达强大的信息，这不仅增强了士兵的信心，鼓舞了士气，同时也铸就了领导的内在品质。

在军队中，我们曾见识并学到了强有力的领导力，我们深知领导力对下属产生的积极影响。然而商界领导力的普遍缺失，使我们屡屡感到失望。太多的企业高管把自己“禁闭”在办公室中，极少到员工工作环境中走动。这说明商业环境中极度缺乏战场上指挥官鼓舞士气时的动力。不与人接触的管理者，无法成为有力的领导者，仅仅依靠传真机和办公备忘录是打不赢商业战争的。无论是在军事世界，还是在商界，要想取得战争的胜利，必须依靠领导力。

在我们的心中，领导就是榜样。他们能够敏锐地察觉到下属的个人需求、能力和渴望。这种敏感绝不是软弱或犹疑，相反，它是推动我们超越极限的动力。我们对领导的尊重，是因为我们明白他们总是把下属的安全和士气放在第一位。

回顾往事，我们发现每一位良师益友都重诺守信，无论他们是面对生命还是金融威胁，都不会屈服于暴利的诱惑，或是躲避个人损失。虽然他们并不都是西点毕业生，但他们每个人都以自身品行诠释着西点坚守的三条法则：责任、荣誉、国家。他们的责任感，不仅仅体现在完成本职工作和效忠国家上，还体现在他们对下属的关爱上。正是这种责任感激励着我们坚定不移地忠诚，巩固了我们的自尊，也鼓励我们竭尽所能完成任务。毫无疑问，我们愿意追随他们，赴汤蹈火，也在所不辞。

如果能够将责任感和基本原则相结合，企业主管、员工以及所有美国企业一定能像军队一样，重新获得享誉世界的卓越表现和尊重。对于商业成功来说，“责任、荣誉、企业”是一句箴言，更是一种生存之道。

第四篇

附　录

附录 A
艾森豪威尔将军的任务
1944 年 2 月 12 日

1. 兹任命你为盟军最高指挥官，统帅各国军队，从德军手中解放欧洲。你的职位为远征军最高指挥官。

2. 任务。和盟军一起进入欧洲大陆，采取行动，攻击德国要害，将其军事力量一举歼灭。登陆欧洲大陆的时间应为 1944 年 5 月。在拿下英吉利海峡一些港口之后，便攻占某个重要区域，并利用该区域向敌军发起地面和空中进攻做准备。

3. 完成任务的过程中，你必须随时准备利用有利情势。例如在敌人攻到你的前线时，先行撤兵，并利用这个时机，以现有兵力攻入欧洲大陆。类似行动的总体规划通过后，后方会为你提供相应的协助。

4. 指挥。你负责管理联合参谋部，并根据附页中的图示发布总命令。在行动需要协助或需要安排必要的后勤支援时，可以与美国总部或英国参谋部直接联络。

5. 后勤。英军方面，行动计划所需的后勤组织、集中、行动以及军队支援由英国服务部负责；美军方面，上述事宜由美国战争与海军部负责；你将负责协调欧洲大陆战场的后勤安排，满足英军和美军的后勤需求。

6. 协调其他军队和部门的行动。为进攻敌军占领下的欧洲大陆，各国当局管辖下的海军、空军、颠覆和破坏组织以及宣传机构都已准备就绪。你可以根据需要利用这些资源，组织相应的活动。

7. 与其他盟军部队的关系。联合参谋部负责提供苏联部队的行动信息，以便你确定行动时机。在“霸王行动”① 开展的同时，苏联军队会对德军发起进攻，防止德军从东部战线转移到西部战线。位于地中海战场的盟军总指挥官也会进行协助。在“霸王行动”开展的同时，对法国南部展开进攻。该进攻行动的规模和时间由联合参谋部决定。你要和位于地中海战场的总指挥官保持联系，并就地中海战场协助英国战场的观点和建议随时向联合参谋部汇报。联合参谋部会根据你的命令将兵力布署到法国南部。因此，你必须提供及时的建议。

8. 与盟军政府的关系。在解放的盟军领土建立公民政府，并对敌军领土进行监管。关于该问题的进一步指令将会在以后下达。

来源：美国陆军军部，《FM 101 -5 号令——参谋组织与行动》

① 德黑兰会议后，罗斯福和丘吉尔在开罗会晤。决定任命艾森豪威尔为实施“霸王行动”（Operation Overlord）的盟军总司令，蒙哥马利为地面部队总指挥。诺曼底登陆，为盟军开辟了欧洲第二战场，使德军陷入了苏军和英美盟军的东西夹击之中，加速了德国法西斯的灭亡。

附录B
决策步骤

1. 任务通常由上级机关指派（步骤1），但指挥官可以对任务进行发展和推断。此时，指挥官应首先对任务进行分析。任务分析会在步骤3中讨论。

2. 参谋人员为指挥官提供现有的信息（步骤2）。指挥官下属应在规划阶段尽可能早地收集关于任务和局势的实用信息，最晚须在参谋人员进行估测前将信息准备完毕。

3. 指挥官以上述信息为基础，完成任务分析并提供规划指导（步骤3）。

（1）任务分析的目的是确保指挥官对任务全面了解，以便其制订一系列行动计划，最终完成任务。指挥官任务分析是指对任务中特别的以及隐含的具体行动进行识别。

a. 隐含行动是指指挥官认为对完成最终任务起到关键作用的额外行动。在确定隐含行动时，指挥官要注意不要和常规行动或固有行动相混淆。

b. 除了要识别具体和隐含行动外，指挥官还需要对上级指派的某个或某些具体行动进行重述。

（2）任务分析之后，指挥官应对参谋人员提出指导和建议，以便参谋人员准备或修改局势分析。由于任务内容、现有信息的数量和有效性、局势以及指挥官经验不同，指挥官做出的指导也不同。规划指导没有具体的步骤，但是指挥官应在《参谋局势分析》准备工作之前，提供初步指导建议。

a. 通常，指挥官初步指导中包含其经过任务分析后对任务的重述；对于使用核武器或化学武器的大概规划；使用伪装和诱骗战术的可能性；当前对重要因素的考虑；以及任何可以发展的行动方案。

b. 除非上级组织直接下达具体的行动方案，否则指挥官在此阶段不能选取行动方案，以免影响参谋人员进行客观、公正的局势分析。

4. 指挥官的任务重述必须在所有参谋分析的第一段内容中出现。根据任务重述和规划指导建议，协调参谋人员在特别参谋人员的协助下开始准备参谋分析（步骤4）。如有必要，特别参谋人员可以单独准备分析。协调参谋人员将分析呈现给指挥官。指挥官对有利于完成任务的行动提出建议。

5. 做出决策（指挥官局势分析的最后一步）后，指挥官可以向参谋人员透露关于行动实施的整体构想（指挥官构想）（步骤5）。构想包括决策的细节和任何指挥官认为必要的方面。

6. 完全了解指挥官决策和整体构想后，参谋人员须进行细致分析。最终所有参谋人员须决定出一个行动方案。该行动方案必须满足指挥官完成最终任务的需求，还要便于指挥官准备规划、下达指令。（步骤6）

7. 一般情况下，在正式发布规划和命令（步骤8）前，参谋人员须得到指挥官的认可（步骤7）。在情况紧急或是指挥官授权的情况下，可以跳过步骤7。

8. 根据指挥官决策以及指挥官构想，指挥官和参谋人员须对命令的执行进行持续监管（步骤9）。

来源：美国陆军军部，《FM 101－5 号令——参谋组织与行动》。

附录 C
参谋研究

主题：训练计划

1. 问题。为了维持军队高效、敏捷的支援能力开展训练计划。

2. 假设

（1）能够为持续的训练计划提供时间和资源。

（2）经常性的训练能够提高支援的效率和敏捷性，促进任务的完成。

3. 与问题相关的因素

（1）支援的目的在于协助参谋人员分析和指导情报行动。

（2）近期开展行动的事后报告反映了支援部门在行动中的缺陷。

（3）近期，支援部门每月开展两次与任务相关的训练。

4. 讨论

（1）事后报告中反映出的缺陷：

a. 无法及时处理信息。

b. 支援部门内部协作不力。

（2）上述缺陷互相关联，是训练计划的直接结果，并且大部分都是权宜之计，没有在类似真实行动环境中出现过。因此，我们在每次战斗前都要利用最多 15 天（天数是过去两年的平均值）进行训练。在训练期间，人员必须适应环境，建立关系和信息渠道。因为人为失误可能会使问题更加严重。

（3）过去，我们认为野外任务更易完成，但是训练结果正好相反。目前存在的基本问题是，驻守任务与野外任务根本就是两码事。

（4）下面是对两个可行方案的总结（详细的分析见附录 D）。

a. 增加训练次数。至少每季度进行一次。该方案的优点包括：在接近真实行动环境中，更频繁的训练可以缓解目前存在的表现“时好时坏”的问题；将人为失误的影响减到最低；提高支援人员的能力。该方案最大的缺点是，额外增加训练时间和资源。

b. 开展室内训练。训练应该最大限度地模拟真实行动环境。

（5）上述两个方案都会被纳入目前的每月训练计划。训练计划应持续进行，以便关键人员在特定领域得到持续锻炼。

5. 结论

（1）问题的最佳解决方法就是增加额外训练计划。只有这样，才能使支援部门越来越具有凝聚力。

（2）第二个可行方案，室内训练方案更适合于目前的训练计划。在第一个方案未经批准的情况下，可以采取该方案。

6. 建议。建议采取第 5 部分结论中第（1）条。

7. 同意或反对。列出所有需要签字认可的官员名单。

来源：美国陆军军部，《FM 101 -5 号令——参谋组织与行动》。

附录 D
指挥官局势分析

参考资料：地图、图表以及其他相关文件。

1. 任务

该段是指挥官根据任务分析对任务的重述，是关于需要完成的行动和目标的陈述。

2. 局势以及行动方案

在该部分，指挥官要考虑所有和局势相关并且会对行动产生影响的因素和方面，并制订出可行的行动方案。该段内容是下列分析的基础。

（1）对可行行动方案的考虑。指挥官要对局势中可能影响到我军和敌军行动的因素进行判断，因为这些因素也会影响到对行动方案的选择。指挥官要对这些因素逐一分析，推演出这些因素对我军和敌军行动的影响。在缺少事实的情况下，可以进行合理推测。

① 行动区域的特点。对行动区域特点将产生的相关影响进行分析。指挥官须考虑下列因素：

a. 气候。分析这一时期内的天气预报和光线数据，同时还要分析这些因素对我军和敌军行动产生的影响（如对机动性的影响）；我军和敌军应对天气情况可能采取的方法和安装的设备，包括光学设备、电子视线设备、生化设备和核设备。

b. 地形。分析地形对以下方面的影响：观察和火力；隐蔽和掩护；行动（包括地面和空中）；我军和敌军采用核武器和生物武器；通信、电子作战、战场监视、非传统作战、心理作战及其他军事作战手段的设备。分析地形因素对敌军行动和对我军行动的影响，判断该地区的主要地形特点，选择行动线路。

c. 其他相关因素。分析政治、经济、社会学、心理学以及其他因素，例如水文、环境、通信、科学、技术、资源、交通和人力因素。收集这些信息并推演这些因素对我军和敌军行动的影响。

② 敌情分析。指挥官须考虑：

a. 部署。敌军所在位置，包括火力支援的位置。

b. 组成。敌军部队的身份、编制和类型。

c. 作战力量。按照下列顺序叙述：

(a) 兵力。敌军和我军作战部队的数量和规模。

(b) 援军。敌军援军的数量和规模。

(c) 火力。敌军战场火力支持的数量和规模。

(d) 空军、核武器、生物武器和化学武器支持。敌军支持地面行动的有效空军力量；核武器弹头数量、生化制剂数量以及发射手段。

(e) 其他。除上述敌军兵力外的其他部队，例如用于电子作战、空中防御、反坦克作战、非传统作战的部队或者通过电子、声波或其他手段进行战场监控的部队。收集情报并推演这些因素对战争的影响。

d. 近期和正在进行的重要活动。总结敌军的近期活动，并推断其未来行动。如果有证据表明敌军有明确的意图，并对自身情势十分了解，那么指挥官有必要强调这一事实。此外，指挥官应特别留意敌军使用核武器和化学武器的规律；注意敌军对新式或非传统武器的使用，对现有战略战术、技术或资源的创新使用；还须对敌人收集情报的手段和技巧进行估测。

e. 特点和弱点。指挥官须对敌军的特点和弱点以及这些特点和弱点对战场产生的有利或不利影响进行分析。

③ 自身情况分析。以②中分析的方面为准，对自身情况进行分析。对生物制剂和投射手段的分析可以不用包括在内。这一部分内容包括：近期和正在进行的重大活动；我军特点和弱点；士气、训练、民政事务和后勤情况。行动官员须以局势和从人员、后勤以及民事军事行动官员处获得的信息为基础，对所有信息进行整编。或者，指挥官通过人员、行动、后勤和民事军事行动官员的分析直接获得相关信息。信息要简写，便于多次重复。我军部署非常重要，必须要经过充分、详细的考虑，确定对指挥官选择行动方案会产生有利或不利影响，包括如果敌人使用核武器、生物武器或化学武器攻击时，是否能够应对。这一部分的分析必须包括面临上述攻击时的自身弱点。

④ 相关战争力量。指挥官须以敌军情报分析和自身局势为基础，得出关于相关战争力量的结论。结论须包括对我军力量和敌军力量之间整体关系的估测，包括双方的重要优势和弱势。战争力量的基本因素包括机动部队和火力支援。此外，还须考虑其他因素，如诱骗作战、机动、地形、布置、气候、后勤支持、心理作战和电子作战等。上述因素不一定完全适用于所有行动。每次行动前，都要根据特定情况，确定对相关因素的分析。指挥官对相关战争力量的分析为制订可行的行动计划提供了大背景，并且能够揭示出行动方案的特点和基本性质。这些结论能够指出哪些行动方案不可行，因此不应予以考虑，从而加快整个分析进程。指挥官应避免

对双方人员和武器进行详细的研究，而应该以双方相对能力的大概印象为基础进行推论。

（2）敌军能力。敌军能力是指敌军能够切实执行的行动方案，并且这些行动方案可能会对我军完成任务产生影响。通常，情报官员负责确定敌军能力并呈现在情报分析中。适当的情况下，情报官员应提供敌军采取各行动方案的相对可能性。情报官员必须尽最大努力告知指挥官敌军意图。指挥官要仔细考虑情报官员提供的敌军能力分析，指挥官可以根据不同情况对其加以利用、修改、撤销或是增添。对于敌军弱点，指挥官可以自行加以利用。

（3）行动方案。行动方案是指个人或整个部队必须执行的一系列行动，是个人或指挥官完成任务或与完成任务相关的可行计划，是指导工作或任务完成的方案，是任务中的一系列行动。当指挥官指导参谋人员准备分析工作时，可以要求他们制订出一个或多个行动方案。行动官员可以提出附加的可行行动方案，将行动分析提交给指挥官。指挥官对这些行动方案进行斟酌，根据不同情况否定、修改或是制订新的行动方案。这样的程序可以为指挥官提供大量、不同的重要行动方案。能够快速、准确地提出可行的行动方案对于做出合理决策至关重要。可行行动方案的形成和制订，在很大程度上取决于2（1）和2（2）中考虑到的因素。个人制订行动方案时应以下列标准作为指导：

① 该行动方案是否可行？指挥官是否有能力执行行动方案中的预期行动？

② 该行动方案是否能在不过度违反命令的情况下完成任务？

③ 存在多个行动方案时，每个行动方案是否足够详细、清晰？在目的上，与其他方案是否有明显区别？

行动方案的表达可以很笼统也可以很详细。在分析行动方案时，分析人可以添加细节，修改并全面发展行动方案。每个行动方案中都应该包括下列要素：

a. 行动类型（进攻，防御）（什么）。

b. 行动开始的时间和完成的时间（何时）。

c. 行动地点（在防御行动中，指指定区域；在进攻行动中，指进攻的大概方向）（何地）。

d. 可利用的手段（指广泛的作战手段，包括作战手段和作战方式，在必要时运用的核武器和化学武器。为了区别不同的行动方案，还可能包括其他火力支援手段）（如何）。

e. 行动目的（为何）。

之前已经提到，行动方案的表达可以笼统，也可以详细。其详细程度由指挥官掌握。但是，存在多个行动方案时，每个行动方案必须包含充分的细节，与其他方案相区别，便于随后的分析与比较。在描述行动方案时，如果提到了何时，那么如何就可以做部分陈述（通常用于对行动方案的大概表达）；如果提到了如何，那么何地就可以大概陈述（通常用于对行动方案的详细表达）。一个进攻任务的行动方案必须包括什么（进攻内容）、何时（进攻时间）、何地（进攻方向）、如何（可行的进攻手段）以及为何（行动目的）。一个防御任务的行动方案必须包括什么（防御内容）、何时（有效进攻时间）、何地（战区前沿地点或是防御部队所在区域）、如何（主要战区、掩护区域和后备军的分配）以及为何（行动目的）。再一次重申，上述因素的详细程度可以根据不同情况做出相应调整。

3. 行动方案分析

指挥官须对2（3）中形成的行动方案逐一分析，判定各方案的优劣，提出改进意见，确定火力支援的需求，明确行动方案对联合行动的需求。指挥官需要利用沙盘演练分析行动方案。

分析（沙盘演练）的第一步只是对判断敌军能力（行动方案）的初步分析。2（2）中对敌军能力的详细分析对于选择最佳行动方案有很大帮助。分析中没有出现的敌军能力，虽然对于我军选择可能的行动方案不会产生影响，但是也同样具有价值。因为一旦敌军采用了这些方案，可能对我军完成任务产生影响。虽然我军没有将这些方案纳入分析范围，但它们仍具有参考价值。对于分析中提到的敌军能力需要进行判断，但是对于判断方法没有绝对的要求。通常，如果对于判断某个能力存在疑问时，指挥官须做出决定。在判断过程中，指挥官应做到：

（1）分析情报官员提交的敌军能力报告，特别关注那些采用可能性高的方案。对于采用可能性低的方案可以不予考虑。

（2）判断敌军行动方案被采用后，是否会对我军行动方案产生不利影响。对于有利于决定我军行动方案的敌军行动方案进行分析。

（3）重新考察已判定的敌军行动方案，确定其他方案的本质特点。例如，具有拖延特点的行动方案可能运用到防御任务中。

（4）为了更简单、快速，指挥官可以将几个敌军方案结合在一起分析。例如，将防御和防御巩固的方案相结合，或是将进攻和进攻巩固的方案相结合。

分析（沙盘演练）的第二步是对可行的行动方案逐一分析。指挥官需要分别分析每一个方案中我军行动和敌军行动的对抗结果。指挥官需要自始至终形象化地对双方行动进行逻辑推理；必须考虑到第2部分中的所有因素对行动的影响；必须根据敌军力量，选择对抗的行动方案，并且考虑行动方案的成功率；必须对每个行动方案的风险进行权衡，然后做出选择；必须考虑到减弱敌军的核攻击、生化攻击、游击战和空袭影响的积极和消极手段。在这个阶段，指挥官不要进行行动方案比较。因为第3部分是关于我军对抗敌军力量的行动方案的单独分析。因此，指挥官在这一步就得出结论、选出最佳行动方案既不可能，也不实际。因为只有充分分析了所有信息，并且结合第4部分的行动方案比较后才能得出最终结论。第3部分的内容是指挥官对所有可能性进行预测和可视化，从而发现每种行动方案的优势和弱势。以下是指挥官分析进攻行动方案的一个方法。

①首先，指挥官应判断在初始位置时，必须摧毁的敌军战争力量；然后指挥官须根据敌军有效兵力，确定能够将敌军战争力量摧毁的我军战争力量。

②其次，指挥官须将初始位置或是已移动位置的行动可视化。

③指挥官要将我军部队越过出发线后的行动以及敌军的反应可视化。此时，指挥官须考虑部队对攻击支持的需求，并将其可视化。还需要考虑到火力支持的需求，利用烟雾或是空中支援将敌人的初始位置摧毁。指挥官须将关键区域和事件可视化，记录下优势和劣势。将敌军的初始位置摧毁后，指挥官应部署攻击行动和攻击支援行动。如果初次攻击失败，指挥官必须考虑到现有部队的组成、地点和储备，并做出决策。

④指挥官必须考虑对支援火力、核武器和化学武器、烟雾、焰火以及空中支援的需求。指挥官须对支援部队牵制敌军部队或阻止敌军援军的能力做出估测。指挥官须再次将关键区域和事件可视化，记录下优势和劣势；可以考虑使用后备资源，并且做出决策，为行动创造有利位置。指挥官必须不断重复这个步骤，直到达到目标。

⑤一旦目标达成，指挥官必须考虑如何将后备资源巩固、重组、加强并转移到有利位置。如果目标无法达成或是行动方案无法实施，指挥官应

放弃该行动方案。

⑥指挥官须反复分析用于应对敌军行动方案的我军行动方案。

当指挥官针对敌军力量对我军行动方案逐一演练后，需要确定下列事宜：

a. 对于初步部署再调整、兵力分配（防御）、主要攻击力量和支援攻击力量组成（进攻）的需求。

b. 对于战争支援、战争服务支援以及诱骗作战和电子作战技术的需求。

c. 行动各阶段中敌军可能的反应。

d. 可能的关键区域和可能发生的关键事件，以及可行的应对措施。

e. 行动各阶段对于敌军和我军兵力的消耗情况。

f. 敌军进攻力量可能出现的地点（当我军处于防御状态时）。

g. 行动不同阶段对于后备资源的分布和组成。

h. 目标区域中的行动（进攻）。

i. 各行动方案的优劣。

4. 行动方案比较

在该部分，指挥官将第3部分中分析的行动方案进行比较，并最终得出结论，选择最佳行动方案。在比较的过程中，指挥官必须充分利用自己的判断、各种技巧和经验，因为有些行动方案的优劣很容易被忽略。最终，指挥官应该决定各方案在完成任务上的优势和劣势。

指挥官可以用两个方法列出每个行动方案的优势和劣势。一个方法是将每个行动方案的优势和劣势同时列出；另一个方法是先列出一些重要的方面（例如地形、时间、核攻击的可能性以及我军部署），然后按照这些方面，逐条分析行动方案的可行性。采用第二个方法时，指挥官需要先确定目前局势的关键因素。因为局势不同，须考虑的关键因素也不同。在比较行动方案时，可以列出一个简单的表格。在没有书面分析的情况下，列表格的方法更加方便实用，因为它可以帮助指挥官整理思路。指挥官最后得出结论，选择成功率最高的行动方案。

5. 结论（建议）

指挥官以最佳行动方案为基础，做出最终决策。指挥官的最终决策必须在各方面都有利于任务的完成。指挥官决策是最后一步，是对整个行动计划和火力支援清晰、简洁的陈述。指挥官和参谋人员将以最终决策为基础，制订战略计划。行动规划中体现了谁、什么、何时、何地、如何和为何的因素。决策中必须出现谁的因素（包括指挥官本人或者与指挥相关的人员），并且在指挥官向参谋人员介绍整体思路时，须详细说明谁的问题。

来源：美国陆军军部，《FM 101 - 5 号令——参谋组织与行动》

附录 E
情报局势分析

参考资料：地图、图表以及其他资料。

1. 任务

指挥官任务重述。

2. 行动区域

该部分讨论的是行动区域对最终结论的影响。讨论以行动区域分析的事实和结论为基础。如果该部分的信息和讨论充足的话，可以作为其他行动区域分析的参考。

（1）气候

①现状。包括对光线、天气预报或气候信息的分析。天气因素的图示和其他详细信息可以作为附录。

②对敌军行动方案的影响。讨论气候因素对敌军大体行动方向（进攻、防御）的影响，例如对机动性、光线和电子设备运用的影响。包括气候因素对生物化学制剂、核武器、特殊方法、技巧、设备、流程或兵力的影响；对空降或空中机动部队、侦察设备、无线电作战和诱骗作战的影响。要判断出气候因素对每一个行动方案起到的是有利作用还是不利作用。

③对我军行动方案的影响。按照2（1）②中各方面，讨论气候因素对我军行动方案的影响。

（2）地形

①现状。如果可能的话，分析时可以利用战场情报准备阶段绘制的图示。分析须包括下列必要信息：观察和火力、隐蔽和掩护、障碍、主要地形特点以及行动路线。还须酌情考虑上述因素对核火力、敌军生化制剂和其他相关信息的影响。

②对敌军行动方案的影响。仿照2（1）②中气候因素对各方面的影响，讨论地形因素的影响。对于防御行动方案的讨论，要指出最佳防御区域以及到达该区域的最佳行动路线；对于进攻行动方案，要指出最佳进攻路线。

③其他因素。讨论社会学、政治、经济、心理等其他相关因素的影响。具体包括科学技术、物资、交通、兵源和水文等影响。对这些因素的分析仿照对气候和地形因素的分析，分别列出单独标题进行讨论。

3. 敌情

该部分是对敌情的分析。这些信息能够揭示敌军的力量和弱点，以敌军力量为基础制订可行行动方案。

（1）部署。以覆盖图、敌情地图和之前公布的相关文件为参考。

（2）组成。总结敌军的战斗序列和其他可能影响到任务的敌军力量。可以以之前公布的文件作为参考。对于执行特殊任务的部队，例如电子作战等，要特别留意。

（3）优势。列出敌军在主力部队、后援、炮兵、空军、核武器、生物化学制剂、电子战争、空中防御、反坦克作战、非传统作战以及战场侦察等方面的优势。这样做的目的是使指挥官和参谋人员判断出敌军的力量和弱点，以预测敌军的行动方案。敌军的任务、地点、立场和指挥级别也要作为考虑因素。

①主力。主力是指我军采取行动时，与我军正面对抗的敌军地面作战部队。敌军对于主力的指派取决于其部署、地点、控制总部和作战立场。因此，情报官员通常通过观察敌军用于对抗我军主力部队时指派的部队规模，来确定敌军主力部队的规模，并以此为基础进行行动规划。在无法确定敌军的某支部队是主力部队还是后援部队的情况下，通常暂定为后援部队。这样，我军可以在敌军后援最大化的情况下，估测其对抗我军行动的能力。

②后援。要了解其番号和立场。后援是指不一定参与对抗任务的敌军作战部队。后援部队是否执行任务，取决于特定的行动方案和敌军战略计划。后援部队的位置不定，在时间和距离合适的情况下，可以用于对抗我军行动，影响我军使命。后援部队通常不参与正面对抗。在分析过程中，对部署、地点、控制级别和其他因素的考虑能够确定一支部队是否为后援部队。

③炮兵。列出敌人的炮兵部队，包括主力和后援部队中的炮兵部队。任何包含在支援范围内的炮兵部队都应归为后援部队。

④空军。列出敌军作战半径中不同种类飞机的数量，列出不同种类的飞机每天的出动架次。

⑤核武器和生化制剂。估测敌军现有的核武器、生化武器和制剂的数量、型号、发数和发射手段。

⑥其他敌军能力。列出上述分析中没有提到的其他敌军特殊力量，例如电子作战、空中防御、反坦克作战、非传统作战和战场监视能力等。

（4）近期和正在进行的重大活动。以经过筛选后的信息为基础，分析并确定敌军采取特定行动方案的可能性以及敌军弱点。敌军未能执行预期行动对我军来说是积极信息。

（5）特点和弱点。根据前面描述和讨论过的敌军战略立场、作战原则、作战区域和敌情分析，列出并简短讨论敌军的特点和弱点。指出敌军弱点的程度，并讨论对我军行动有何影响。须考虑的方面如下：

①人员。如果对敌军编制人员信息的了解少于80%，通常需要对敌军力量进行估测，可能的话，还要对敌军士气进行分析。

②情报。对获取敌军情报的成功与否，采取诱骗或侦察战术的可能性进行估测。

③行动。当敌军战场表现欠佳时，要对其战场效率进行估测。

④后勤。当敌军在后勤方面存在明显弱点时，要对其战场后勤支持能力进行估测。

⑤民事军事行动。对敌军的民事军事态度和所在区域的百姓人口、食物、供给、医疗设备及通信状况进行估测。

⑥性格。对敌军指挥官和主要参谋人员的能力和弱点进行估测。

4. 敌军能力

以之前讨论的所有信息为基础，列出敌军能力（例如攻击、防御、运用核武器和化学武器的能力）。这些能力是预测敌军采取特定行动方案的基础。

（1）列举。对于敌军的每一项能力，须回答什么、何时、何地、有何优势等问题。

（2）分析和讨论。该部分的分析和讨论是预测敌人采用的力量和可行行动方案的基础。每项敌军能力或是敌军能力组合都应单列出一段进行讨论和分析。将所有证据列出后，要站在敌军的角度，判断每一项能力的优势。对于结论过于明显或是缺乏证据的敌军力量，可以不用分析。对于会对我军完成任务产生巨大威胁或是使我军无法完成任务的敌军能力要特别留意。

5. 结论

以上述信息和分析为基础，总结并指出行动区域对我军行动方案、敌军可能的行动方案和可以利用的敌军弱点的全面影响。这些分析有利于协助我军选择行动方案。

（1）情报对行动的影响。指出从情报角度考虑，第1部分中设定的任务是否能够得到相应支持，并且指出最佳行动方案。

（2）行动区域对我军行动方案的影响。对于进攻行动方案，指出最佳行动路线；对于防御行动方案，指出最佳防御区域以及进入该区域的最佳路线。

（3）可能的敌军行动方案。依据被采用的可能性，列出敌军的行动方案。列出行动方案时，还要列出能够同时执行的一系列从属行动方案。根据被采用的可能性，对两到三个行动方案进行判断。

（4）敌军弱点。列出敌军能够被我军各级指挥官利用的特点和弱点，将这些弱点按照可利用程度依次排序。

来源：美国陆军军部，《FM 101 -5 号令——参谋组织与行动》

附录 F
后勤局势分析

参考资料：地图、图表以及其他资料。

1. 任务

指挥官任务重述。

2. 局势

（1）情报情况。该部分须利用情报官员收集的信息。在撰写细节合理的书面分析时，可以将简短的总结或参考资料作为附录。

①作战区域的特点。描述作战区域的大概特点，对于可能影响到后勤工作的特点要特别注意。

②敌军兵力和部署。

③敌军力量

a. 任务。大概描述影响任务完成的因素。

b. 后勤活动。对可能影响后勤活动的因素要详细描述，包括敌军空袭和空中作战力量、空中作战战术、核武器以及生化武器力量、游击作战、敌军滞留部队以及迂回部队等情况。

（2）战术情况。利用指挥官规划指导和行动官员提供的信息。下列各小段是对战略意图的简洁介绍。

①目前重大战略因素的部署情况。可以酌情将覆盖图作为附录。

②可行的行动方案。列出所有可行的行动方案（这些行动方案以分析备忘录中的内容为基础）。

③预期行动。列出所有预期行动以及其他需要在《参谋分析》中进行协调和整合的规划因素。

（3）人员情况。利用人事官员收集的全面信息，包括全部兵力、部队兵力、伤亡、替补、从医院重返战场的士兵等。

①人事和行政部队的部署现状以及可能对后勤工作产生影响的设备。

②人事上可能会对后勤行动产生影响的预期行动。

（4）民事军事行动情况。包括民事军事行动官员收集的信息。

①民事军事行动部队部署现状以及可能对后勤工作产生影响的设备。

②民事军事上可能会对后勤行动产生影响的预期行动。

（5）后勤情况。下列各小段是对后勤现状的描述。在指挥级别较高的分析中需要包括较为详细的信息，因此小段中的内容可以仅为简短的总结，详细内容作为附录。可以绘制覆盖图来展示目前和将来所有后勤部队和设备的分布。该部分信息须包括后勤的现状、能力，因附属部队、独立部队或志愿部队而加强或削减的能力。

①维护。总结目前维修能力、修理时间和维护部队情形。查看零件状况，主要留意第七类（主要零件）和第九类（备用零件和配件）零件，以免影响维修。如果第七类零件（例如货车、救险车修理零件）储备不足，可能会影响到正常维修。

②供给。总结管控项目的大概情况和石油、润滑油的分配情况。包括关于补给能力的各种相关信息分析。按照不同种类，将这些信息分别列成副标题，副标题下列出最有价值的信息（例如：补给日期、全部单向产品

总量、各部队缺乏的设备等)。

③服务。总结现状，包括服务能力和存在的问题。

④交通。总结现状、能力、问题、特殊运程、高速公路及交通堵塞状况（如果在前面作战区域部分没有提到的话)，等等。

⑤人力。总结现状、平民使用的限制等等。

⑥设备和设施。

⑦其他

(6）推测。推测是初步规划或分析准备工作的基础。当规划指导有效时，可以对推测进行修改，作为事实数据。

3. 分析

分析各行动方案中每一个副标题的内容，揭露问题和缺陷。运用数学运算的方法计算供给、维修磨损率、电梯承载量，等等。数学计算法是获得全面分析资料的唯一方法。每一部分内容都应包括来源于数学计算的叙述性分析和应用逻辑。每个行动方案分析的结果都应该既具有逻辑性，又具有战略性。

(1）区域内的充分补给。确定控制区域是否有充足的服务支持；确定该区域内是否还有其他部队（例如几支部队同时通过)，是否会遇上敌军部队，两军之间界限是否改变，等等。

(2）物资和服务。

a. 维护

b. 供给

c. 交通

d. 人力

e. 设施

f. 其他

4. 比较

（1）从完成任务的角度考虑，评判后勤缺陷，列出优势和劣势。

（2）指出哪个行动方案最有利于得到后勤支持。

5. 结论

（1）指出第1部分提出的任务能否得到后勤支持。

（2）指出哪个行动方案最有利于得到后勤支持。

（3）列出指挥官必须给予重视的重大后勤缺陷，包括具体建议。

来源：美国陆军军部，《FM 101－5号令——参谋组织与行动》

附录 G
行动规划

1. 局势

（1）敌军兵力。关于敌军兵力的信息，例如组成、部署、地点、行动、实力估测、身份辨识和敌军能力。可以参考敌方公开的情报文件、覆盖图和附录。

（2）我军兵力。关于我军兵力的信息，已包含在行动规划（命令）中，直接影响到指挥官下属行动的信息除外。关于兵力信息的排列顺序为：高级部队、临近部队、支持部队和后援部队。

（3）附属部队和独立部队。“任务编制”中没有出现，而出现在“附录”中的部队是属于总部的附属部队或独立部队。附属部队和独立部队也属于有效部队。

（4）推测。推测是指行动规划成为行动命令之前，指挥官认为合理的局势（情况）。

2. 任务

指挥官对任务及目的进行清楚、简洁的陈述。任务陈述以指挥官的任务分析为基础。虽然任务陈述已经在行动覆盖图中出现过，但此处不得省略。该部分内容仅有一段。

3. 执行

(1) 行动概念。该部分内容是指挥官从头至尾对行动执行的可视化陈述，即行动方案是如何执行的。它为指挥官下属提供了准确的指挥官意图，以保证即使在缺少额外通信或进一步指导的情况下，下属仍然能够在可用时间内完成任务。行动概念指出了行动的目的，并为下属们采取适当的行动提供了充足的信息。行动概念必须清晰、简洁，同时还要充足，以便部队的所有人员清楚自己的职责所在。绘制行动覆盖图时，可以参考以下内容。

① 行动概念可以仅为一段内容，也可以分为两个或更多小段进行叙述。如果篇幅过长，还可以添加附录。行动概念必须考虑到激烈作战和纵深作战以及后方保卫等问题。包括：

a. 主要阵地作战以及机动作战时，空中作战因素的运用。

b. 火力作战时的火力支持计划。运用空军、炮兵和空中防御支援作战。

c. 其他作战行动（例如，诱骗作战）。指挥官须在考虑周全后向各部队明确作战概念。行动计划要以指挥官决策为基础，包括如何调遣主要作战部队等。火力支持计划以指挥官决策和参谋规划为基础，和行动计划互补。

② 如果一个行动包含了两个或更多阶段，那么要在小段中分别介绍各阶段的行动概念。

(2) 以小写字母标志的各段是各部队为完成整个战略任务而必须完成的具体任务。指挥官下属的任务在行动覆盖图中已经充分说明，无须在该部分重复。但是，如果时间允许，也可以再次重申。当命令过多时，要逐条说明。如果任务完成的顺序有优先要求，要特别说明。

4. 服务支持

该段是一系列关于战争支持服务的指示和安排。支持行动对于有需要的部队至关重要。该段内容包括指挥官传达给战争支持指挥官的命令。如果篇幅过长，可以添加附录或参考资料。指挥级别较高时，须提交行政或后勤命令；指挥级别较低时，可以不提交行政或后勤计划或命令。

5. 命令或信号

该部分是对行动通信和电子设备的指示，分为两小段叙述："命令"和"信号"。如果覆盖图上没有显示的话，命令指示通常包括指挥室地点和指挥室位移。如果在《标准操作流程》中没有涉及的话，小段中还须包括对联络员的要求、指挥室位置的变更和指挥官的继任等信息。

来源：美国陆军军部，《FM 101 -5 号令——参谋组织与行动》

附录 H
商业规划

1. 行政概要

- 简要介绍企业背景。包括成立及注册日期和资本总额，讨论成立企业的目的，企业销售的最初产品或提供的服务。

- 描述企业的前身是什么组织。列出企业的发起人和股东。如果是有限责任公司，列出有限责任股东和合伙人。

- 描述目前销售的产品或提供的服务，描述企业经营的独特性，列出企业产品的品牌名称、价格区间和产品质量，简单比较企业竞争力和最新技术水平。

- 总结企业的财政史，解释企业赢利或亏损的原因。

- 总结企业的市场需求（以美元计算）、现有市场和预期市场占有率、销售和分销手段、定价政策、生产方式、包装、广告和促销。

- 列出企业的主要客户和销售弱点。

- 描述影响企业经营的周期性因素。讨论政府和监管机构，例如 FDA 和 FTC① 等，提出的规定或诉讼对企业未来的影响。

---

① 联邦贸易委员会。

- 描述产业销售潮流。讨论引发潮流改变的因素以及对企业的影响。
- 讨论企业的研发产品。讨论过时产品对销售的潜在影响以及对新产品的持续需求。
- 简要介绍企业专利和有使用期限的商标。
- 介绍企业已经申请和正在申请的专利，并指出专利通过的大概日期。介绍商业秘密以及无专利的情况下如何保护企业的独特性。

2. 管理

- 介绍企业的组织机构，包括主要管理人员及其职责。将企业的组织机构图作为附录。
- 介绍主要管理人员的简历和主要功绩。
- 列出主要管理人员目前和拟议的工资及补助水准，列出股份所有权和股票期权计划。
- 总结员工和董事的雇佣合同条款。
- 介绍企业的人寿保险制度，确保投资者不会损失“不可或缺的”人才。
- 列出决策规划过程中董事成员的资质和参与程度。
- 讨论员工和董事责任险的范围和金额。

3. 产品描述

- 描述产品或服务的独特性。描述须包括产品的大小、技术水平、服务支持、便利程度、耐用性、功能和用法。
- 描述企业专利如何保护产品的独特性。在附录中提供一个专利示例。
- 描述保护企业产品的其他手段，例如保密计划或快速销售计划。
- 描述关键生产原料以及原料供给。讨论材料可用性、订货（发货）

时间、购货方和折扣、库存保质期、存货计价方法、产品特殊处理以及存储需求。

- 描述竞争产品，指出产品之间差异以及企业获得目标市场的理由。
- 描述定价政策及原理。描述生产成本并证明成本在竞争上的有效性。
- 描述产品责任险的需求、有效性和花销。

4. 产品研发

- 描述企业现有及拟议的研发项目及其成功概率，讨论这些项目将如何应对变化的市场条件。
- 讨论什么样的技术评价能够显示出科学及物理法则和方法的发展，并最终实现技术突破。
- 描述研发预算以及如何筹集经费，描述拟议中的研发预算及经费。
- 描述现有销售额中来自研发产品部分的百分比，预测未来销售额中会有多少来自研发产品。
- 描述从政府机构和其他机构筹得或即将筹得的资金，讨论这些资金是如何流入企业并影响专利的，讨论如何保护企业专利。
- 描述企业拥有或租用的研发设备，列出具有高学历或杰出成就的科研人员名单。
- 列出与高校或其他科研机构的合作，说明用于这些合作的科研预算数额。
- 讨论竞争者开展的科研项目及其对企业将产生的影响，列出可能影响竞争者发展或服务的企业和因素。
- 在推广技术前，考虑 FDA 和 EPA[①] 等监管和审批机构的要求。

---

① 环境保护局。

5. 制造

- 描述制造过程和现有的生产水平。
- 描述目前和未来的生产水平。
- 描述与竞争者相比较而言的制造成本，描述生产和操作优势，展示技术优势。
- 描述工厂规模、地点、大概状况、成本、设备类型（租用或自有）、厂房和设备利用率以及折旧政策。
- 描述生产类型（加工车间或生产线）、员工数、劳动技能水平、每日换班次数、工会联盟、罢工历史以及劳工待遇。
- 描述质量监控流程、生产方法、厂房布置效率。
- 描述平均库存周转率、存货估价方法、原材料可用性、未交货订单以及经销商和用户现状。
- 描述用于厂房和设备的未来资本支出以及如何融资，与销售相关的扩张成本以及计划售卖资产。
- 描述现有和拟定的分包生产。
- 描述主要部件，并说明是否为唯一供应商。
- 描述后备供应商及交付周期。

6. 营销策略

- 明确叙述短期和长期目标。
- 描述预测销售额（以美元计）的方法和市场份额目标。
- 预测经济转型和市场状况改变及其对企业销售和盈利的影响。
- 简要描述定量调研和定性调研分析结果及其对分销、包装、促销和其他市场决策因素的影响。
- 描述市场情形，包括规模、预计增幅、主要客户、人口分布、主要潮流趋势及特点。

- 描述企业计划如何进入市场或扩大市场，讨论明确市场中运用的心理统计学和人口学方法。
- 描述典型产品的重要性及其大规模生产前的市场测试结果。
- 描述竞争者及其相对市场份额，描述竞争者的分销方法，从市场的角度将自己的产品与竞争者的产品进行比较。
- 讨论面对现有竞争者进入市场的可行性和成本，描述产品推介对现有市场可能产生的影响，指出没有竞争者的市场，指出预期竞争者及其信息，例如资金、工艺水平、营销手段和竞争优势。
- 描述定价政策及原理，包括竞争价格、毛利润需求以及市场需求。
- 讨论目标消费者的购买习惯以及如何以成本最低、最有效的促销方式满足消费者需求。
- 描述现有和拟议的销售活动，包括销售水平、销售或服务频率，识别潜在消费者的方法以及销售佣金制度。
- 讨论监管机构，如FDA和FTC对营销和促销产品的要求。

7. 财政史

- 归纳总结企业的资产负债状况、盈亏账目以及近五年的融资来源和方法。
- 说明企业的实质性变更情况。
- 描述企业在折旧、研发、税务和库存方面运用的会计原理。
- 描述应收账款和应付账款的时效以及坏账引起的损失。
- 描述收入或花销上的非经常性项目，讨论未付税款以及现有或潜在的税收争议。
- 描述资产负债表中包含的隐藏或贬值资产或债务，讨论企业的商业周期并将商业周期与企业金融需求联系起来，说明企业的销售、成本和利润趋势并解释原因。

- 描述企业的资本总额，包括已授权和未授权的股份总额、表决权、红利派发及换算特点，列出股东及其持有的相对股份。

8. 财务预测

- 列出前提和推测及其理由。
- 讨论市场调研和测试是如何运用到预测未来销售和发展前提及推测中的。
- 描述潜在的商业陷阱。
- 描述应收账款和应付账款的时间及其对现金需求的影响。
- 讨论预计决算表中的安全盈利项目如何抵销潜在意外花销和差额。
- 预测现金流量表，说明资金的来源和利用情况。
- 预测生产和现金流量表，讨论预测数额背后的原理及其与前提和推测的内在关系。
- 进行损益平衡分析。

附录 I
预警令

目的 预警令是指下达给下属部队关于同期行动或命令的提前通知。警示令的目的是通过最大限度地提供预告和与行动相关的必要细节（包括规划时间），使部队及参谋人员在执行命令的准备工作中更具主动性。

内容 预警令中包含的内容通常取决于通信手段和时间，以及下属指挥官进行规划和准备工作的必要信息。预警令中包含的内容顺序如下：

- 敌情，时间，可能的任务，行动。
- 告知主要部队行动的最早时间及需要注意的内容。
- 命令小组的集结时间，说明指挥官或代表人员是否出席，必要时提供地图。说明书面命令的下达时间。
- 前期行动命令，如勘测、侦察、监视。
- 行政和后勤命令、需要的特殊设备、运输系统重组、在集结区域的前期行动。
- 预警令的措辞必须清楚区分行政命令（如呼叫命令小组）和预警（如可能的行动）。要确保预警令的接受者对如何行动和须预警的事物不会产生任何疑问。通常下属部队的命令（除前期行动，例如勘测、侦察和监视行动）无须下达预警令。涉及任务的预警令应该在真正行动执行前下达。这就意味着真正行动执行前必须有进一步命令，或将执行命令的时间推后，或将部队提前调动。

参谋行动 负责协调的官员或特别参谋官员可以下达预警令，但必须确保完成协调参谋工作。

格式 预警令通常没有特殊的格式，通常是口头命令或是书面信息。如果是书面信息，标题为“预警令”。收到预警令后要告知上级。

来源：美国陆军军部，《FM 101－5 号令——参谋组织与行动》

附录 J
标准操作规程

目的 SOP 是指一系列组织内特有的规程，通常适用于常规或经常性行动或事件。标准操作规程能够促进行动的开展，因为它可以减少命令的数量、长度和频率；能够简化命令的传达和准备过程；能够简化训练过程；能够促进指挥官、参谋和军队之间的理解和团队协作；能够为新到任部队或附属部队提供规程指导；能够降低混乱情况和误解的可能性。

内容 每个指挥官都要根据上级部门公开的流程、指挥官的意愿以及由经验得来的流程，制定出适用的 SOP。每个指挥官的 SOP 都应包括明确的命令，下级部队必须服从该命令，并将此命令作为制定下级 SOP 的基础。SOP 可以根据情况和实践的改变而改变。SOP 的内容必须充分、完整，便于新到任的部队或附属部队服从标准流程。SOP 的内容取决于部队的训练规模和状态。针对小部分特殊人员的技术性命令不包括在 SOP 内，应作为特殊命令，在必要时，可以制定特殊的 SOP。

参谋活动 SOP 的准备工作公开和发布由行动官员负责，其他参谋人员负责准备 SOP 中相对应的内容。采取最有效的方式公开 SOP。

格式 根据具体用途创造不同的格式。

来源：美国陆军军部，《FM 101 - 5 号令——参谋组织与行动》

附录 K
罗杰斯游骑兵信条[①]

1. 不要忘记任何事情。

2. 步枪和短柄斧要擦亮，保证弹药充足，随时准备出发。

3. 在行军时，要像猎鹿时那样谨慎。永远要快敌人一步。

4. 对你的所见所闻要诚实无虚。你的情报正确与否关乎整个军队的存亡。你可以撒谎，但是永远不要对游骑兵或是长官撒谎。

5. 永远不要冒不必要的险。

6. 行进时，走成一列，不要并肩，这样不便于敌人追踪。

7. 遇到沼泽或是松软的地面时，所有人并排前进，使敌人无法追踪。

8. 天黑前要一直保持行进，以免敌人追上我们。

9. 扎营时，一半游骑兵休息，另一半站岗。

10. 抓获俘虏时，审讯之前将他们分开看守，以免他们串供。

11. 每次回营地时选择不同的路线，以免遭到伏击。

---

① 游骑兵是一支历史悠久的精锐部队，其成立可以追溯至1670年，当时美国的移民在西进中不断与原来居住的印第安人发生冲突，在当时险恶的地理环境与印第安人不断的威胁之下，采用新战术的游骑兵应运而生。而在日后对法国及印第安人的战役中，游骑兵在罗杰斯少校的领导下逐渐成为全军的尖兵，也是荣誉与优秀的象征。罗杰斯为游骑兵订立的一系列规定（即附录K内容）非常著名，使得这支劲旅无论在独立战争，还是南北战争时，都能有极杰出的表现。

12. 无论是大部队，还是小部队，行进时都要在部队前方、两翼和后方 20 码的地方分别安排一个侦察员，以免部队遭到伏击或是被消灭。

13. 当被更强的敌人包围时，每天晚上都会有人告诉你新的集结地点。

14. 每次用餐前先安排好哨兵站岗。

15. 破晓前起床，法国和印第安人喜欢在黎明时进攻。

16. 过河时，不要选择容易涉水的浅滩。

17. 如果发现有人跟踪你，跟他兜圈子；然后返回到原来的路线，伏击跟踪你的人。

18. 遭遇敌人攻击时绝不能站立，要跪倒、躺下或躲在树后。

19. 让敌人靠近你，直到能够抓到你，然后设法脱身并用短柄斧将敌人解决。

罗伯特 · 罗杰斯少校

1759 年

附录 L
简报大纲

1. 局势分析

(1) 观众

① 规模

② 特点

(a) 观众的构成。

(b) 观众的阶级。

(c) 观众的公职。

(d) 观众的职位。

(e) 观众对于简报主题的了解程度。

(f) 观众中多为通才还是专业人才?

(g) 观众的兴趣如何?

(h) 观众的个人偏好如何?

(i) 对观众的预期反应。

(2) 目的和类型

① 信息简报（目的为展示）

② 决策简报（目的为决策）

③ 任务简报（目的为复审重要信息）

④ 参谋简报（目的为交换信息）

（3）主题

① 具体主题是什么？

② 简报涉及的范围。

③ 简报的时间。

（4）实体设备

① 简报的地点。

② 简报需要什么安排？

③ 需要哪些视觉辅助设备？

④ 设备缺陷有哪些？

⑤ 为克服缺陷可采取哪些行动？

2. 准备工作

（1）完成局势分析。

（2）准备初步大纲。

（3）确认是否需要辅助设备。

（4）编辑和（或）重新起草简报。

（5）安排演练（设备、批评意见）。

（6）安排责任方进行最终审查。

3. 简报过程

（1）收集材料

① 调研。

② 熟悉主题。

③ 收集权威意见和事实。

（2）准备初稿

① 陈述问题（如有必要）。

② 指出关键点（事实）。

③ 提出行动方案。

④ 分析并比较行动方案，指出各方案的优缺点。

⑤ 确定结论和建议。

⑥ 准备初稿概要。

⑦ 准备视觉辅助设备。

⑧ 确定责任方。

⑨ 与责任方一同复审。

（3）审查初稿并编辑

① 确定简报中的事实都是重要且必要的。

② 准备所有必要事实。

③ 准备预期问题的答案。

④ 提炼材料。

（4）准备视觉辅助设备

① 检查简报是否简洁，是否具有可读性。

② 学习辅助设备的使用方法。

（5）实践

① 演练（包括助理和设备）。

② 完善改进。

③ 列出要点并熟记。

④ 准备好各要点之间的过渡。

⑤ 运用明确的词语。

4. 后续

（1）确认观众是否明白。

（2）记录要点。

（3）将信息传达给相关责任方。

来源：美国陆军军部，《FM 101－5 号令——参谋组织与行动》

附录 M
作战原则

1. **目标**　所有军事行动都必须有清晰、果断、可实现的目标。

2. **攻击**　采取主动，保持主动。

3. **集中**　将最低限度的作战力量集中到次要作战地区。

4. **节省兵力**　在次要作战地区只分配所需的最低限度的作战力量。

5. **策略**　灵活运用战争力量，将敌人引到不利位置。

6. **统一命令**　完成每一个目标时都要确保各方在指挥官的指挥下共同努力。

7. **安全**　永远不要让敌人占据意想不到的优势。

8. **突击**　在敌人意想不到的时间、地点或以出其不意的方式发起攻击。

9. **简洁**　制订清楚、简洁的计划，下达清楚、简洁的命令，确保士兵理解。

来源：美国陆军军部，《FM 22－100 号令——军事领导力》

团购本书，优惠活动——巡讲

西点军校“打造没有任何借口”铁军团队全国巡讲隆重启程

前西点军校、游骑兵学院指挥官、
《没有任何借口》杰伊·瑞芬博瑞先生主讲

“西点没有任何借口”骨干训练营同期登陆中国

打造敢于承担责任、高执行力、
高敬业度、胜任工作的骨干人才队伍

政治家、企业家的最大挑战，就是要找到和组织同呼吸、共命运的人！通过西点式秘训，帮助中国政治、商业精英培养和组织共命运的人，打造一支充满使命感和责任意识、高度忠诚、绝对服从、高效执行、高胜任力的铁军团队，穿越管理迷雾，成为充满不确定性世界中屹立不倒的英雄！

前美国西点军校和游骑兵学院指挥官、著名领导力大师、天势世纪（北京）咨询公司大中华区合伙人、全球畅销书作家杰伊·瑞芬博瑞先生将携其“西点军校打造没有任何借口铁军团队高级工作坊”应邀访华，与中国的政治、商业精英分享其20多年来在全球范围内研究、讲授、训练心得。

团购本书将获得全国巡讲和训练营优惠
欢迎垂询： http://www.en-fo.cn 或 http://www.da-hu.org
15001011331　010－57350508

（京）新登字083号

图书在版编目（CIP）数据

最好的执行在西点：中国企业如何跟西点军校学顶级执行力/〔美〕多兰德，〔美〕多兰德著；刘善红等译.—北京：中国青年出版社，2015.3

书名原文：Duty，Honor，Company

ISBN 978-7-5153-3015-0

I.①最… Ⅱ.①多…②刘… Ⅲ.①企业管理-通俗读物②西点军校-学校管理-通俗读物 Ⅳ.①F270-49②E712.3-49

中国版本图书馆CIP数据核字（2014）第290879号

北京市版权局著作权合同登记 图字：01-2009-1869号

中国青年出版社 出版 发行

社址：北京东四12条21号 邮政编码：100708

网址：http：//www.cyp.com.cn

责任编辑：刘霜 Liushuangcyp@163.com

编辑部电话：（010）57350508

发行部电话：（010）57350370

三河市君旺印务有限公司印刷 新华书店经销

700×1000 1/16 15印张 2插页 300千字

2015年3月北京第1版 2015年3月第1次印刷

定价：38.00元